LE
DIX-HUIT BRUMAIRE

ÉTUDE HISTORIQUE ET MORALE

PAR
RODOLPHE REUSS

Extrait de la *Revue Chrétienne*

DOLE

IMPRIMERIE GIRARDI ET AUDEBERT

—

1903

LE DIX-HUIT BRUMAIRE

ÉTUDE HISTORIQUE ET MORALE

LE
DIX-HUIT BRUMAIRE

ÉTUDE HISTORIQUE ET MORALE

PAR

RODOLPHE REUSS

Extrait de la *Revue Chrétienne*

DOLE

IMPRIMERIE GIRARDI ET AUDEBERT

1903

A EDOUARD SCHURÉ

Tu n'as point oublié, cher ami, les années lointaines où, bien jeunes tous deux, étouffant dans cette atmosphère du second Empire, si lourde avant le réveil de la guerre d'Italie, nous végétions à l'ombre de notre antique cathédrale, essayant d'échapper par l'étude et le rêve aux réalités tristes et honteuses du présent. Notre admiration juvénile allait aux grands inspirés de tous les pays, et surtout à ceux du nôtre, à Victor Hugo, grandi par l'exil, à ce pauvre Musset, qui finissait de mourir, à Lamartine, en qui l'homme, hélas ! survivait au poète. Mais nous étions trop de cette génération sacrifiée qui maudissait le Deux-Décembre puisqu'il lui avait volé sa place au soleil de la Liberté, pour ne pas vibrer surtout à l'unisson des adversaires des Bonaparte ; notre enthousiasme allait de préférence aux ardentes invectives de l'*Idole* et aux strophes vengeresses de ces *Châtiments* dont nous passâmes — tu t'en souviens ! — plusieurs nuits à copier à la hâte les flétrissures immortelles. Et cependant nous ne nous doutions point alors que les malheurs de la France étaient loin d'être épuisés et que le crime de 1851 porterait pour nous d'autres fruits, encore bien plus amers. Certes, les attentats liberticides de cette race fatale soulevaient notre conscience d'adolescent, mais qu'aurions-nous ressenti si nous avions pu savoir qu'il viendrait un jour néfaste où son incroyable impéritie mutilerait une seconde fois notre pays et arracherait à l'homme fait des larmes de sang sur la séparation de sa terre natale d'avec la mère-patrie !

Quarante-cinq années ont passé depuis sur nos têtes ; déjà la plupart des compagnons de nos rêves d'alors se sont égrenés, l'un après l'autre, le long de la route. Autour de nous, presque tout a changé ; mais j'éprouve une certaine fierté mélancolique à constater que, dans l'universel écoulement des choses, et malgré la dose inévitable de scepticisme morose ou souriant que la vie impitoyable mêle à nos illusions primitives, nous sommes, au fond, restés fidèles aux impulsions généreuses de notre ardente jeunesse. Moins pratiques, mais plus heureux que tant d'autres, nous n'avons point déserté les principes qui nous enthousiasmaient alors. Les douloureuses expériences que nous avons traversées ne nous ont fait renier ni l'amour de la Liberté, ni la haine de toutes les tyrannies matérielles ou morales, ni l'aspiration confiante vers un idéal divin de Vérité et de Justice, qui donne seul à l'existence une valeur sérieuse et fait qu'on a quelque raison de vivre. Tu le disais naguère toi-même, dans la préface de la troisième édition de cette *Histoire du Lied*, première et poétique efflorescence de tes études d'autrefois : « Loin d'avoir perdu la foi de ma jeunesse, elle s'est élargie et corroborée par l'effet de l'âge mûr... Je n'ai cessé d'aimer ce que j'aimais alors, mais je comprends mieux pourquoi. Car j'en pénètre plus profondément le sens, grâce à ce que j'ai trouvé au-dessus et au-delà. »

Ton volume me parvenait, cher ami, au moment même où je terminais les pages qui suivent, inspirées par les dures leçons du passé et par un ardent amour pour notre pays. Et du fond de ma mémoire les souvenirs d'antan remontaient en foule : notre cher vieux Strasbourg d'autrefois, nos promenades sans fin le long de ses quais et de ses remparts, nos séances littéraires dans nos chambrettes d'étudiant, nos fugues à travers la forêt du Neuhof, et sur les bords du Rhin solitaire, nos engouements naïfs et nos indignations déjà viriles. J'ai pensé que cette page d'histoire véridique sur le « Corse à cheveux plats » qui, vivant ou mort, a fait tant de mal à la France, réveillerait dans ton cœur aussi, comme un écho lointain de ce passé disparu sans retour. C'est pourquoi j'ai voulu que ton nom fût inscrit sur le premier feuillet de cette étude, le nom du penseur des *Sanctuaires d'Orient*, du poète patriote de la *Légende de l'Alsace*, le nom surtout du vieil et toujours fidèle ami. Voici plus d'un demi-siècle déjà que nous marchons dans la vie, depuis l'aube même de nos pensers enfantins, éloignés parfois l'un de l'autre dans l'espace, jamais séparés de cœur ou d'esprit. Puisse-t-il nous être donné, cher ami, de cheminer ainsi fraternellement quelque temps encore, vers les crépuscules dont l'ombre grandissante envahit l'horizon et nous avertit de la fin prochaine de la journée !

Rod. Reuss.

Versailles, 2 mai 1903.

LE DIX-HUIT BRUMAIRE

ÉTUDE HISTORIQUE ET MORALE

I

On a dit bien souvent que l'histoire était un perpétuel renouvellement ; on pourrait le dire, à tout aussi bon droit, de l'œuvre des historiens. Au cours des siècles, et parfois même pendant la courte durée d'une vie d'homme, les mêmes événements s'éclairent ou s'obscurcissent d'une façon si curieuse selon les reflets changeants des intérêts politiques et des passions religieuses, qu'on hésite presque à croire que les narrateurs de la veille et ceux du lendemain racontent les mêmes faits et jugent les mêmes individus ; on se demande parfois quel mirage trompeur a pu déformer ainsi les traits d'une même physionomie, pourtant également visible de tous les points de l'horizon. Mais si l'on tient compte de toutes les influences ambiantes, du trouble moral qui règne dans tant d'esprits, de l'énervement des volontés, du goût morbide du jour pour les théories excentriques, du besoin enfin d'exploiter le paradoxe comme une chance ultime pour percer dans la foule grouillante des écrivains, l'on s'étonnera moins de voir se produire chez nous tant de changements à vue, tant de soubresauts dans nos conceptions historiques, de constater tant de repentirs dans le tableau des événements des temps modernes et surtout de l'histoire contemporaine.

Nul personnage, à coup sûr, parmi tous ceux qui figurent parmi les acteurs de cette dernière époque, n'a subi plus que Napoléon ces brusques éclipses et ces renaissances de gloire, ces sautes de vent de l'opinion publique et des historiens professionnels, depuis l'*Ogre de Corse* et la légende de Sainte-

Hélène, depuis les biographies de Norvins et de Walter Scott jusqu'aux travaux plus sérieux d'un Thiers et d'un Lanfrey. Les violences, puis les désastres du second Empire semblaient devoir dégoûter à jamais la France du culte de l'*Idole*; mais elle a triomphé de cette chute profonde et, depuis une vingtaine d'années, la littérature *napoléonienne* a pris un développement tout à fait imprévu ; maintenant elle déborde sur la critique et la submerge comme un fleuve dont les digues auraient été subitement rompues. Le nombre de ceux qui consacrent leurs loisirs ou leurs labeurs à l'étude de cette période est légion. On a tout étudié, tout fouillé dans le passé du grand homme : ses origines lointaines ; les milieux divers dans lesquels il a vécu ; ses devoirs d'écolier comme ses rêves de jeunesse ; ses débuts militaires et ses grandes campagnes; ses méthodes de gouvernement et ses propos de table ; sa famille légale et ses maîtresses d'un jour ; ses maréchaux et ses ministres, ses alliés et ses rivaux, ses adulateurs forcenés et les conspirateurs obscurs qui travaillaient à sa perte. Depuis une douzaine d'années surtout, il pleut des mémoires d'apparat, comme ceux de Talleyrand, de Marbot et de Barras, des *Souvenirs* militaires, administratifs, littéraires et autres, des portraits plus ou moins artistement retouchés, des correspondances politiques et des confidences intimes ; à côté des travaux les plus savamment documentés et les plus précieux, on a vu se produire nombre d'écrits étrangers à la science et même à cette bonne foi vulgaire que chacun pourrait posséder quand il lui manquerait tout le reste pour mériter la qualification d'historien. Et plus on en publie de ces œuvres nouvelles, plus on déshabille le héros, plus il semble aussi qu'on veuille le canoniser. On crée pour lui, à l'usage du public crédule, une légende nouvelle, les vieilles étant usées, en lui faisant admirer soit un Bonaparte d'une mansuétude pacifique, presque lâche (1), soit un Napoléon antimilitariste (2), bien fait pour ahurir les tenants des opinions traditionnelles.

C'est qu'en effet ce n'est pas l'amour de l'érudition pure qui pousse plus d'un de nos auteurs contemporains à prendre la plume et ce n'est pas à la curiosité seulement du public que

---

(1) Arthur Lévy, *Napoléon et la paix*. Paris, Plon-Nourrit, 1902, in-8°.
(2) G. Canton, *Napoléon antimilitariste*. Paris, F. Alcan, 1902, in-18°.

s'adressent leurs écrits. Il faudrait être bien aveugle ou bien naïf pour ne pas constater que, dans certains milieux tout au moins, on poursuit, par cette apothéose impériale, un but éminemment pratique et qu'il s'agit moins pour eux de montrer les chemins parcourus par l'ancêtre, que de frayer la route à ses arrière-petits-neveux. Tantôt maladroite et grossière, souvent aussi subtile, indirecte, séduisante par le talent reconnu des auteurs, cette propagande actuelle en faveur de « l'idée napoléonienne », mérite d'attirer l'attention vigilante de tous ceux auxquels les libertés de la patrie sont chères ; si, malgré les terribles leçons du passé, le virus césarien devait être inoculé, une fois de plus, au sang de notre pays, si le régime bonapartiste devait jamais triompher de nouveau par la ruse ou la force, c'en serait fait pour longtemps et peut-être pour toujours, de son libre arbitre, de son indépendance et de sa dignité morale.

Rien, je le crois, ne peut plus efficacement retenir sur le seuil d'une conversion funeste les esprits honnêtes et modérés, sincèrement attachés aux grandes vérités morales, que le tableau véridique des compromissions, des bassesses, des maux de tout genre qu'entraîne à sa suite tout acte contraire aux aspirations supérieures de la nature humaine. C'est à ce titre que je voudrais retracer ici, dans un résumé fidèle, le tableau non fardé des procédés par lesquels le premier Bonaparte s'empara du pouvoir en brusquant la fortune et, par un escamotage habile, suivi d'un acte de police brutale, se soumit la France, à la fois dupe et complice. Deux livres récents, bien faits tous deux pour attirer l'attention publique, nous ont apporté sur le dix-huit Brumaire un jugement d'ensemble et des données nouvelles. M. Albert Sorel, de l'Académie française et de l'Académie des sciences morales et politiques, a consacré à cet événement tout un long chapitre du dernier volume de son admirable ouvrage sur *l'Europe et la Révolution française* (1), et M. le comte Albert Vandal, son confrère à l'Académie, artiste au crayon pittoresque, écrivain de grand talent, a entrepris, presque au même moment, de nous en fournir le très minutieux et le

---

(1) *L'Europe et la Révolution française*, par Albert Sorel, de l'Académie française. Cinquième partie : Bonaparte et le Directoire. Paris, Plon-Nourrit, 1903, in-8°.

très documenté récit (1). Il a raconté les préparatifs et les péripéties de ces journées trop célèbres, « le grand tournant de notre histoire », d'une façon, à certains égards, définitive, du moins en ce qui regarde les faits, et nous lui devrons les traits essentiels de notre tableau (2), en tirant de ces faits une morale quelque peu différente (3).

(1) *L'avènement de Bonaparte*, I : *La Genèse du Consulat, Brumaire, la Constitution de l'an VIII*, Paris, Plon-Nourrit, 1902, in-8°.

(2) Parmi les ouvrages plus récents, on pourra consulter encore, outre les Mémoires également menteurs de Talleyrand et de Barras, la solide mais bien indulgente monographie de M. A. Neton sur *Sieyès* (Paris, Perrin, 1900, in-8°), le premier volume du travail de M. le professeur John Holland Rose, *The life of Napoleon I* (London, Bell and Sons, 1902, in-8°), et l'étude de M. A. Aulard, dans le troisième volume des *Etudes et Leçons sur la Révolution française* (Paris, Alcan, 1902, in-8°).

(3) J'ai déjà eu l'occasion d'apprécier, au point de vue critique, l'ouvrage de M. le comte Vandal dans la *Revue historique*, de janvier-février 1903 (tome LXXXI, p. 110). L'auteur a cru devoir réclamer, sous une forme très courtoise d'ailleurs, contre certaines de mes assertions, dans une lettre qu'on trouvera dans le même périodique (tom. LXXXI, p. 361). J'avais cru comprendre qu'il regardait Bonaparte comme « un esprit sincèrement libéral »; il me répond qu'en le dépeignant tel, « il aurait exprimé, à proprement parler, une absurdité ». Ce dont acte. J'avais cru devoir m'étonner aussi de ce que M. Vandal trouvât qu'au 18 brumaire « la force morale était du côté des baïonnettes »; il veut bien m'expliquer que je me suis « mépris sur la valeur des mots ». En effet, « la morale et la force morale sont deux choses essentiellement distinctes »; il n'a nullement prétendu que « la morale fût alors au camp des auteurs du coup d'Etat. Elle n'était nulle part ». Pour lui, la *force morale* c'est « l'ascendant immatériel qui se crée au profit d'une cause par la sourde coalition des volontés individuelles et par l'état général des esprits ». Cette *force morale*-là était, au 18 brumaire, du côté des baïonnettes. A ce compte, tout coup d'Etat triomphant sera toujours légitime, car il aura toujours pour lui l'égoïsme des uns, la bêtise et la lâcheté des autres; mais je n'avais pas imaginé jusque-là qu'on pût baptiser du nom de *force morale* une coalition d'intérêts et d'appétits divers; le mot de *force* suffit à lui seul. J'avais regretté, enfin, que M. Vandal semblât faire « l'apologie discrète du césarisme », ce « spécifique terrible », dernier legs de Bonaparte à la France. L'auteur m'a fait observer qu'il avait écrit de ce spécifique « qu'il sauve et qu'il *tue* ». Et dans sa réponse, c'est lui-même qui souligne maintenant le *second* de ces termes, alors que j'avais cru comprendre que pour lui, le *premier* pesait davantage dans la balance, puisqu'il le plaçait au premier rang. Je me résignerais plus volontiers au reproche d'avoir « un peu légèrement interprété » certains passages du brillant historien — encore que le reproche de légèreté doive être particulièrement désagréable à ceux qui sont entrés, depuis quelques années déjà, dans la soixantaine — si je pouvais croire, comme je le voudrais, que nous sommes du reste d'accord pour repousser toute apologie du 18 Brumaire, apologie qui me semble à la fois un accroc à l'histoire et un outrage à la conscience publique.

II

Personne n'oserait plus contester aujourd'hui, que six mois avant le dix-huit Brumaire, la France ne fut dans une situation lamentable, bien faite pour effrayer les plus fermes patriotes et pour désespérer les plus ardents républicains. « Jamais, dit avec raison M. Vandal, le dépérissement de la chose publique et de l'opinion n'avait été si pr...nd » ; l'esprit public n'existait plus, pour ainsi dire, les volontés étaient lassées, l'écœurement à peu près universel. Mais de ce triste état de choses, les Jacobins qu'on incrimine sans cesse, étaient loin d'être seuls coupables ; le clergé et les agioteurs, les royalistes soulevés et les simples bandits en partageaient la responsabilité terrible. Le catholicisme, que la Terreur n'avait pu briser, restait une « religion de combat » ; beaucoup de prêtres « prenaient le mot d'ordre à l'étranger, prêchaient la désobéissance aux lois, excitaient les conscrits à la désertion, demeuraient agents de la réaction royaliste ». Si la misère matérielle était grande dans plusieurs provinces et surtout dans la capitale, où la population des faubourgs mettait comme une circonvallation de misère autour du luxe effronté des quartiers élégants, et si ce luxe même faisait sentir davantage aux malheureux « toute l'horreur de vivre » (1), il ne faut pas oublier que cette misère était bien antérieure à l'époque révolutionnaire, et que, de l'aveu même d'un de nos auteurs, sous Louis XVI, « la grande majorité des Français ne mangeait pas à sa faim ». Pourtant, une incontestable amélioration s'était produite, grâce à la Révolution, dans l'ensemble du pays. « Jacques Bonhomme, robuste géant, enchaîné au sol par mille liens, avant 1789, comme le Gulliver anglais,

---

(1) Tout en admettant le tableau si vivant et si pittoresque que M. Vandal nous retrace des misères et de la corruption de la capitale, nous ne croyons pas cependant que le Paris du Directoire ait été beaucoup plus corrompu que celui du premier et du second Empire ou celui de l'Ordre moral. L'auteur a réuni beaucoup de petits détails frappants, il les groupe avec art, empruntant à Taine ce procédé séduisant mais si dangereux pour l'historien comme pour le public, de changer un *fait divers isolé* en *fait caractéristique d'ordre général*. Si la fille d'un ex-rentier a chanté sur les quais pour arracher quelques sous aux passants ; si quelques misérables affamés se sont couchés dans les rigoles pour laper le sang qui s'écoulait des abattoirs, ce n'est pas une *preuve* absolue de la misère publique, tout comme le fait des deux infirmiers d'Aix, étouffant un malade, ne démontrerait pas l'état horrible de tous les hôpitaux de la République, etc.

avait vu ses liens subitement tranchés » ; il s'était redressé, détendu ; il avait trouvé de quoi se nourrir, et ce qui le démontre d'une façon victorieuse, c'est que les mariages sont infiniment plus nombreux qu'autrefois; la quantité des naissances est double et même triple de celle au temps jadis ; elles dotent le pays de ces « semences d'humanité plus nombreuses » que Napoléon allait gaspiller pendant quinze années de guerres insensées. Le bien-être matériel pénétrait dans les masses, pour la première fois peut-être au cours de notre histoire. Aussi, très certainement, la France, prise en son ensemble, n'était nullement hostile à la forme gouvernementale sortie de la crise révolutionnaire. Le bourgeois ne voulait rien savoir d'un retour offensif des classes privilégiées, et le paysan, si dans certaines régions il réclamait encore son curé, ne désirait certes pas revoir les seigneurs terriens, ces oppresseurs d'autrefois. Ce qui donnait à l'opinion publique — pour autant qu'elle se manifestait encore dans la lassitude universelle — son attitude hostile aux gouvernants du jour, c'est qu'on lui avait persuadé, à tort ou à raison, qu'ils étaient égoïstes et malhonnêtes, c'est « qu'ayant promis l'universelle félicité, ils n'avaient fait qu'instituer de multiples détresses » ; c'est dire qu'on faisait au Directoire, en 1799, identiquement les mêmes reproches qu'on faisait douze ans plus tard à Napoléon lui-même, et qu'il succombait alors à un courant d'idées analogue à celui qui fit évanouir si promptement le prestige de l'Empire après les désastres de la campagne de Russie.

Les plaintes amères des uns et les invectives virulentes des autres n'étaient pas imméritées, à coup sûr. Depuis le jour de sa naissance — on pourrait dire, auparavant déjà — le gouvernement directorial avait eu la malchance, trop facilement acceptée, de ne pouvoir diriger la politique intérieure de la France qu'avec des coups de force. Il n'était pas constitué, quand les décrets du 13 fructidor faussèrent la majorité légale et quand, après la journée du 13 vendémiaire (1), ils imposèrent à la République une représentation nationale dont une partie tout au moins du pays ne voulait déjà plus. Deux ans plus tard, la journée du 18 fructidor (2) détruisait sans doute les espérances

(1) Le 5 octobre 1795.
(2) Le 4 septembre 1797.

royalistes, mais l'unique coup de canon, tiré à poudre, ce jour-là, n'en anéantissait pas moins aussi, comme l'a fait remarquer M. Sorel, virtuellement la République, par la facilité même qu'un militaire brutal et de peu de talent avait trouvé à détruire le gouvernement légal (1). A partir de ce moment, le pli dangereux est pris, l'armée est décidément introduite dans la mêlée des partis, et l'on devait bien s'attendre à ce qu'elle ne se battrait pas toujours au profit des « avocats », mais saurait se faire sa part à elle-même.

Une fois encore la majorité du Directoire fera son petit coup d'Etat, celui du 22 floréal (2), à sa guise, contre les révolutionnaires de l'extrême-gauche, mais après les élections de l'an VII, il ne tardera pas à voir des procédés analogues employés contre lui, quand l'intrigant Sieyès eut remplacé Reubell au Directoire, le 16 mai 1799. Une espèce d'insurrection parlementaire jacobine réussit tout d'abord à expulser Treilhard du pouvoir exécutif, le 18 prairial (3), puis elle arrache le lendemain leur démission récalcitrante à La Réveillère-Lépeaux et à Merlin (de Douai) pour les faire remplacer par Moulins, Gohier et Roger-Ducos. Là encore « la population civile reste atone » et laisse agir à sa guise l'administration nouvelle, soit qu'elle appelle le terroriste Fouché au ministère de la police, soit que, par le décret du 29 août, elle expulse ou déporte soixante-six journalistes. Sieyès, dès le premier jour, se montre, si l'on peut dire, en mal d'un coup d'Etat. Il cherche à l'horizon le général assez docile et assez célèbre, qui lui servira d'instrument souple et solide pour cette œuvre de la « reconstitution de la France » qu'il poursuit dans ses rêves volontairement énigmatiques. Il aspire à remplacer la « tyrannie haletante » du Directoire par un gouvernement tout aussi « strictement révolutionnaire », au dire de certains, qui s'appuierait de préférence sur les anciens conventionnels *satisfaits,* les « néo-modérés » ou les « révolutionnaires nantis » comme les appelle M. Vandal, les Boulay de la Meurthe, les Régnier, les Talleyrand, les Cornudet, les Rœderer et bien d'autres, que certains,

---

(1) Le soir même Augereau écrivait à Bonaparte : « Mon général, Paris est calme et émerveillé d'une crise qui s'annonçait terrible et qui s'est passée comme une fête. » (A. SOREL, V, p. 222).

(2) Le 10 mai 1798.

(3) Le 16 juin 1799.

avec une étrange candeur, s'obstinent à considérer encore comme de vrais républicains à convictions fortes et sincères.

Ces parlementaires habiles et diserts, peu soucieux du danger, avaient besoin, en effet, d'un général pour porter et pour parer les coups. Sieyès crut l'avoir trouvé dans Joubert (1); il comptait sur le succès de son armée d'abord, à l'étranger, puis que cette gloire, fraîchement acquise sur les champs de bataille de l'Italie, faciliterait la mise à exécution de son plan, de cette « conception primitive du 18 brumaire », de ce coup d'Etat avant la lettre, que l'ambitieux directeur avait conçu, avant même que le nom de Bonaparte eût été prononcé et dont il doit par conséquent, en stricte justice, partager avec lui toute la responsabilité morale devant l'histoire. Je veux bien admettre que chez quelques-uns des hommes de l'entourage de Sieyès, ait existé « le désir honnête d'assainir, de régénérer la République » ; mais, à coup sûr, pour la grande majorité d'entre eux, « l'âpre désir de la conservation personnelle », le « cauchemar de la Terreur..., la grande peur de l'an VII », la soif des avantages matériels et du pouvoir ont dicté leur attitude, infiniment plus que le désir « d'assurer par une dernière illégalité le règne des lois (2) ». A qui confierait-on, la chose réalisée, la tâche de veiller sur ce « règne » idéal ? On ne le savait pas au juste, semble-t-il, et le directeur lui-même n'avait pas encore fait parler l'oracle, hésitant, disait-on, entre un prince-philosophe d'Allemagne et un d'Orléans, mais se réservant en tout cas à lui-même toutes les réalités du pouvoir. Ce qui permettait cette attitude traîtresse et cette conspiration presque à ciel ouvert, c'était l'avachissement moral, presque général, de la nation française. Les masses parisiennes surtout, usées par dix ans de crises incessantes, restaient inertes et comme mortes à toute activité civique ; la bourgeoisie, qui avait aidé à écraser le *peuple*, dont elle avait peur, allait se voir abandonnée de lui (comme elle le fut, un demi-siècle plus tard, au 2 décembre) ; mais elle le craignait toujours, ses terreurs survivant à la réalité. Aussi, dans un touchant accord, toutes les gazettes dites modérées, celles des victimes du futur

(1) D'après BARRAS (*Mémoires*, III, p. 361), Joubert avait dit : « On perd bien du temps en verbiage ; moi, quand on voudra, je finirai tout cela avec vingt grenadiers. »

(2) VANDAL, p. 77. Cela ne rappelle-t-il pas singulièrement la fameuse phrase de la proclamation du prince-président après le 2 décembre 1851, annonçant « qu'il était sorti de la légalité pour rentrer dans le droit » ?

Empire et celles de ses séides dévoués, menaient l'attaque à fond de train contre les « tigres » du jacobinisme. Le *Publiciste*, la *Gazette de France* et le *Moniteur universel* fraternisaient dans cette singulière campagne et il y eut un moment où Mme de Staël et Roederer semblaient d'accord avec le clergé réfractaire pour détruire ce qui restait encore de libertés publiques.

La France était donc — on n'en peut disconvenir — dans une situation lamentable, à l'intérieur (1), durant la dernière année du gouvernement du Directoire, et nous ajouterons volontiers qu'elle n'avait pas été dans une situation beaucoup plus brillante, durant les années précédentes. Cependant, avant d'aller plus loin, nous devons pourtant nous demander s'il est juste, s'il est absolument équitable de reprocher avec tant de violence au Directoire son attitude arbitraire et révolutionnaire, pendant la majeure partie de son existence, et s'il faut imputer à lui seul le déficit moral et matériel de sa gestion ? Comment aurait-il pu en même temps respecter les lois et survivre, en présence de toutes les « machinations subversives » d'ennemis sans scrupules, qui, ligués avec l'étranger, provoquaient des invasions ou des descentes, fomentaient les complots et les conjurations militaires, troublaient les villes, bouleversaient les campagnes, maintenaient l'Ouest en feu, tout en inondant le Midi de bandes assassines ?

Je ne songe pas un seul instant à me faire l'apologiste du Directoire ; je suis loin de contester que c'est par égoïsme surtout que le parti radical dans la Convention s'est *nanti* de positions solides dans la constitution directoriale et que ce n'est pas le patriotisme seul qui lui a dicté la fameuse loi du 13 fructidor. Mais on ne me contestera pas davantage que si la Convention n'avait pas agi de la sorte, on eût vu, dès 1795 peut-être, en 1797 au plus tard, se dresser une contre-révolution royaliste dont les saturnales auraient été pour le moins aussi sanglantes que celles de 1793 et de 1794. Ce qu'on vit alors à

---

(1) Je dis à l'intérieur ; je ne m'occupe pas ici de la situation extérieure de la république de 1795 à 1799, qui, à mon avis, est bien plus sujette à la critique, puisqu'elle continua, en la systématisant, la politique de conquêtes et de rapines, trop facilement inaugurée par la Convention. Mais il est inadmissible que les admirateurs de Bonaparte premier consul ou de Napoléon empereur puissent formuler des critiques contre une façon d'agir encore bien plus exagérée par leur héros ; aussi n'ont-ils prudemment attaqué que les illégalités et les injustices commises au dedans.

Marseille, à Lyon, dans tant d'autres villes du Midi, dans certains départements du Centre et de l'Ouest, permet d'affirmer que les comités secrets de Monsieur et du comte d'Artois auraient combattu et écrasé les plus modérés des royalistes constitutionnels tout aussi bien que les plus féroces jacobins. Si le parti royaliste n'avait rien appris encore et rien oublié, même en 1814 et en 1815, après quinze années d'épreuves nouvelles et d'exil supplémentaire, à quels actes de démence haineuse ne se serait-il pas porté si les complots de Pichegru et tant d'autres avaient réussi et si les scélérats et les désespérés du parti avaient eu le dessus, eux pour qui « le royalisme des grands chemins » était avant tout une lucrative carrière ?

Ce Directoire si honni pendant les cinq ans qu'il exista, si maltraité par la presque unanimité de nos historiens modernes, a compté pourtant dans ses rangs, à côté de gredins comme Barras, des personnages absolument dignes d'estime, le « grand et honnête » Carnot, Barthélemy, le proscrit de fructidor, le travailleur Letourneur, La Réveillère-Lépeaux, déclamateur borné, mais intègre et de bonne foi. Il a eu Reubell, si dénigré par les impérialistes, qui n'ont pas pardonné à « cet Alsacien avisé » de s'être « instinctivement méfié du Corse Bonaparte (1) », si horriblement calomnié par la presse royaliste, furieuse de ce qu'il eut la volonté ferme et la poigne solide, mais qui a refusé de plier le genou devant le vainqueur et qui est mort pauvre, dans l'oubli, après avoir manié des centaines de millions ; il n'y a pas jusqu'à Moulins et Gohier, qu'il est bien facile de couvrir de sarcasmes, mais dont on peut dire toujours que, même obscurs et peut-être incapables, ils n'ont pas à leur actif la forfaiture des Sieyès et des Roger-Ducos. A côté des directeurs, nombre de leurs ministres n'ont pas fait trop mauvaise figure non plus : Aubert du Bayet et Dubois de Crancé avaient passé à la guerre, Merlin de Douai, Lambrechts à la justice, et Talleyrand aux affaires étrangères ; et si, la veille du 18 brumaire, on voyait arriver à la police le louche Fouché, il s'y rencontrait avec de très honnêtes gens comme Robert Lindet et

---

(1) « Mes collègues », disait Reubell, dès après le 18 fructidor, aux autres directeurs, en présence des prétentions du général Bonaparte, « voilà ce que c'est que les militaires ! prenons-y garde ! » (BARRAS, III, p. 49).

Reinhard, et avec des personnages fort cotés sous l'Empire, Cambacérès et Bernadotte.

III

Le 28 thermidor de l'an VII (1), le général Joubert qui devait revenir victorieux d'Italie pour écraser, au profit de Sieyès, les Jacobins de Paris, tombait à Novi, mortellement frappé par une balle russe, et avec lui disparaissait « l'espoir de la France honnête ». Presque au même moment, les ennemis s'avançaient partout, sur le Texel et sur les Alpes, comme sur le Rhin. D'ordre de Sieyès, le ministre des relations extérieures, Reinhard, écrivait, le 18 septembre, au général Bonaparte, en Egypte, pour le prier de revenir ; mieux valait encore l'arrivée de ce rival probable, redoutable et redouté, que celle des Autrichiens, des Anglais, des Russes et de Souwaroff ! Au dedans de la République, l'agitation devenait générale ; la bourgeoisie s'effarait en face de la ruine financière à peu près consommée, de l'impôt progressif, impuissant à remplir les caisses publiques, malgré les mesures violentes du gouvernement. Les rigueurs croissantes de la conscription ne faisaient qu'augmenter le nombre des déserteurs ; elle faisait des *chauffeurs* et des brigands de beaucoup d'entre ceux qui refusaient de défendre la patrie en danger ; il y en a partout, dans les vallées de l'Ariège, dans les *causses* du Tarn, dans les landes de la Gascogne et les collines du Limousin, dans les îles du Rhône, dans les Alpes et les Alpilles. Sur quatre-vingt-six départements, il en est quarante-cinq où l'on signale des séditions, quatorze, dans l'Ouest, où règne la guerre ouverte ; ceux du Centre et du Midi sont « un enfer de haines et de crimes ». Au Nord, la vaste capucinière belge est frémissante et acclame les Autrichiens libérateurs, tandis que, réuni au château de la Jonchère, l'état-major des armées catholiques et royalistes, stipendiées par l'Angleterre, acclame frénétiquement Cadoudal et son appel à la guerre à outrance, au moment où le généralissime russe s'apprêtait à terrasser la France dans les montagnes et les plaines helvétiques. Si, à ce moment tragique de notre histoire, les royalistes avaient eu un vrai chef, s'il

(1) Le 15 août 1799.

s'était trouvé un véritable homme de guerre, peut-être auraient-ils pu rétablir — ne fût-ce que pour un temps — la royauté sur les ruines de la patrie ; « mais Louis XVIII écrit et attend très loin, le comte d'Artois agite une épée de salon, encaisse l'argent anglais... et se réserve pour l'entrée triomphale (1). »

C'est un autre personnage qui va paraître sur la scène et bientôt l'occuper tout entière. Ce personnage est d'envergure merveilleuse, et par l'universalité de ses aptitudes, par l'ampleur de ses desseins, l'effrayant contraste de sa grandeur et de sa chute, il écrase encore aujourd'hui l'historien et le confond ; j'allais dire qu'il le démoralise, s'il consent à oublier qu'il n'y a de grandeur véritable que la grandeur morale, et que là où elle est absente, ni la force, ni la puissance, ni le génie même n'ont le droit d'exiger ses hommages ou de lui faire courber le front. L'arrière-automne de 1799 va voir commencer vraiment, ou si l'on préfère, recommencer la carrière politique du général Bonaparte. « Né connaisseur et manieur d'hommes, diplomate, machiavéliste plus encore, s'il est possible, que chef d'armée », il avait appris à connaître, dès vendémiaire de l'an IV, le secret des révolutionnaires « qu'il avait vus dans la coulisse, dans leurs loges, effarés, mesquins, médiocres, et combien au-dessous de leurs personnages ». Il avait compris dès lors que « qui leur deviendrait nécessaire, deviendrait leur maître... Sortis des coups d'Etat, ils seraient inévitablement et toujours asservis au fait accompli » (2). Récompensé de ses services révolutionnaires par le commandement de l'armée d'Italie, la splendide campagne de 1796 a fait une première fois de lui « l'événement, la passion, l'engouement, la folie du jour » (3). Nul doute pour moi qu'alors déjà, depuis ses entrées triomphales dans les grandes villes italiennes, il n'ait caressé les rêves les plus ambitieux ; ne disait-il pas cyniquement, un soir de 1797, à Miot de Melito, se promenant sous les ombrages de Mombello, « que la poire n'était pas encore assez mûre pour la cueillir » (4) ? Dès ce moment, comme l'a fort bien reconnu M. Albert Sorel, les lignes principales de sa politique future sont solidement établies dans sa volonté puissante. « Si

(1) A. SOREL, *L'Europe*, V, 135.
(2) A. SOREL, *L'Europe*, etc., pp. 53-54.
(3) VANDAL, p. 67.
(4) A. SOREL, *L'Europe*, etc., p. 207.

j'étais le maître, écrivait-il le 3 août 1797, nous aurions le Concordat demain », et nul doute aussi que, dans son for intérieur, il n'eût fixé dès lors semblablement les bases de la Constitution de l'an VIII ou les données fondamentales de toute la politique extérieure du Consulat et de l'Empire. Mais comme il savait que son heure viendrait, et que plus le Gouvernement de la République montrerait de faiblesse et commettrait de fautes et d'erreurs, plus il aurait lui-même, un jour, de chances de succès, il préféra quitter les champs de bataille et les Congrès de l'Europe et ajouter au loin, dans le mystérieux Orient, quelque gloire nouvelle à son renom militaire. Comme le général faisait peur au Directoire, il le laissa partir sans regrets et si la situation n'eût été désespérée, le pouvoir exécutif se fût gardé de demander son retour. Mais il revenait déjà, de son propre gré, sans avoir attendu ce rappel ; il revenait, quand la marche des événements rendait son intervention à peu près inutile.

Car au moment du danger suprême, alors que tout semblait perdu, un revirement merveilleux se produisait dans les affaires de la République. Le 1er vendémiaire (1), on apprenait à Paris que le général Brune avait repoussé les Anglo-Russes à Bergen ; le 7 vendémiaire (2), les Conseils étaient informés que Masséna avait écrasé Korsakoff à Zurich et que Souvarow lui-même reculait, égaré dans les Alpes de Glarus. Une dépêche, reçue le 13 vendémiaire (3), annonçait que les Turcs avaient été vaincus à Aboukir et, cinq jours plus tard, Brune, rencontrant les ennemis à Castricum, était pour la seconde fois vainqueur. « Ainsi la France, sans dictateur, avait dissipé les dangers qui l'entouraient et ressaisi la fortune. En vendémiaire de l'an VIII elle ne devait son salut qu'à elle-même. Mais c'est là ce que ne pouvaient souffrir ceux qui voulaient lui donner un maître ou le devenir... On réussit à persuader à une nation en plein triomphe qu'elle était perdue si elle ne se jetait en toute hâte aux pieds d'un homme. Et non seulement elle le crut, mais elle communiqua cette panique à la postérité (4) ».

En effet, le 17 vendémiaire (5), le général Bonaparte débar-

(1) Le 23 septembre 1799.
(2) Le 29 septembre 1799.
(3) Le 5 octobre 1799.
(4) Edgar Quinet, *La Révolution*, Paris, 1865, II, pp. 493-494.
(5) Le 9 octobre 1799.

quait à Fréjus. « Voilà votre homme, disait Moreau à Sieyès en apprenant la nouvelle, il fera votre coup d'État bien mieux que moi ! » Et de fait, le vainqueur d'Arcole et des Pyramides traversait la France au milieu d'acclamations bruyantes, qui semblaient d'avance l'autoriser aux pires audaces. L'enthousiasme fut-il aussi vraiment général que l'affirment certains contemporains? On s'est demandé parfois s'il a existé ailleurs qu'auprès des généraux, las du gouvernement des rhéteurs, ailleurs que chez les banquiers en quête d'agiotage et de bénéfices scandaleux, que chez les bourgeois tremblant de fièvre antijacobine, que chez les royalistes impatients de voir le « nouveau Monk » étouffer la République détestée? Je crois que l'histoire impartiale doit répondre sans hésiter par l'affirmative, mais elle ajoutera — pour rester impartiale — que la cause véritable de cet enthousiasme des masses fut uniquement le désir et l'espoir de voir se clore la Révolution, en « la portant à sa fin naturelle, la paix ». Comme l'a dit justement M. Vandal, « Bonaparte parut être l'homme de cette tâche ; le bienfait qu'il ne donnera jamais aux Français, ils l'attendent de lui très promptement ; l'éternel guerroyeur qu'il sera, on l'acclame comme précurseur de la paix » (1). Singulier et fatal malentendu ou plutôt tragique mensonge, car la France ne réclamait nullement un maître, alors que Bonaparte venait avec une idée bien arrêtée, « avec l'intention de s'approprier l'État ! »

Il avait pour commettre une action pareille, qui, quoi qu'on dise et quoi qu'on fasse, restera toujours un acte de lèse-patrie, quelque excuse et j'avouerai même que cette excuse était assez sérieuse à son point de vue particulier. Étranger de race à la France, étranger plus encore à ses aspirations idéales, au moment décisif de son histoire, Bonaparte n'avait point partagé l'enthousiasme général des Français en 1789, ni leurs rêves trompeurs d'un avenir de paix et de lumières ; il ne s'était passionné sincèrement qu'une seule fois dans sa prime jeunesse, alors qu'il avait ardemment souhaité l'indépendance de sa patrie corse, admiré Paoli, maudit la tyrannie des Bourbons. Dès avant Toulon, alors qu'il écrivait le *Souper de Beaucaire*, le calculateur ambitieux et sceptique avait étouffé dans son âme ce qui restait des élans naïfs d'autrefois. Quand il revint à Paris,

---

(1) VANDAL, pp. 236-237.

en 1795, il y vit une société en rupture de la Terreur, affolée de plaisirs, où presque tous les hommes qui, depuis dix ans avaient marqué dans le pays par leurs talents, leur caractère ou leurs vertus, avaient disparu, moissonnés par les proscriptions, la guerre ou l'échafaud, où les gredins et les trembleurs seuls survivaient, exploitant à l'envi la Révolution des grands morts, pendant que la masse s'amusait sans souci du lendemain. On comprend que, devant un pareil spectacle, il ait ressenti un profond dédain et se soit promis que le vain respect des formes légales n'arrêterait jamais le vol de ses rêves ambitieux.

Mais l'universalité des citoyens était loin cependant de partager cette indifférence profonde et ne méritait pas ce hautain mépris. M. Vandal nous cite bien quelque part la phrase des Mémoires inédits de Cambacérès : « Tout le monde était dégoûté de la Révolution », parole qui ne nous étonne pas outre mesure, chez un homme qui avait été terroriste par terreur et fut l'un des plus gros gagnants à la loterie consulaire et impériale. Mais *tout le monde* ne devenait pas, après brumaire, prince, archi-chancelier et Altesse Sérénissime. M. Albert Sorel nous semble infiniment plus près de la vérité quand il affirme que « les factions étaient si lasses d'elles-mêmes, si dégoûtées surtout les unes des autres, qu'elles furent prêtes à se soumettre à un arbitre commun, ne fût-ce que par rivalité » (1). Mais il a bien soin d'ajouter — et c'est là ce qui importe — que le général « avait contre lui, en très grande partie, ce qui avait déployé un caractère, ce qui subsistait de plus pur de la Révolution » (2).

IV

Arrivé le 24 vendémiaire (3) à Paris, Bonaparte descendait, rue Chantereine, dans l'ancien petit hôtel du comédien Talma ; c'est là qu'allait se préparer dans la pénombre cette comédie politique, plutôt tragique, qui a nom Dix-Huit Brumaire. Se réconciliant d'abord avec l'épouse infidèle, qui pouvait lui être encore utile, le général se rendait le lendemain au Luxembourg

---

(1) A. SOREL, *L'Europe*, etc., p. 451.
(2) A. SOREL, *L'Europe*, etc., p. 461.
(3) VANDAL, p. 246.

pour affirmer aux Directeurs « qu'il ne tirerait jamais l'épée que pour la défense de la République et de son gouvernement » ; puis il « fut tout à la politique et à l'ambition », dans cette demeure modeste, assiégée de visiteurs, généraux, députés, fonctionnaires, brasseurs d'affaires, savants, « hauts intrigants et bas faiseurs, maniers d'hommes et tripoteurs d'argent » (1), s'ouvrant quelque peu à ses intimes, à un Talleyrand, un Roederer, à ses frères Joseph et Lucien (2), impénétrable d'ailleurs à la foule des arrivants vulgaires, « cherchant moins à satisfaire qu'à surexciter la curiosité publique, à énerver Paris, à le mettre dans une fièvre d'impatience et d'attente », comme nous l'avons revu naguère, vis-à-vis d'un général de bien moindre envergure, et qui ne revenait pas d'Egypte. Ce petit homme au teint verdâtre, aux yeux caves, mais brillant par moments d'un insoutenable éclat, à la poitrine rentrée, au corps chétif, à l'accent corse, occupait, préoccupait, torturait exclusivement la curiosité de la capitale qui n'avait d'yeux que pour le voir et d'oreilles que pour entendre ses sentences énigmatiques et les panégyriques de ses admirateurs (3).

Qu'allait-il entreprendre ? Essaierait-il d'entrer au Directoire par une dispense d'âge? Serait-ce pour le dompter ou le chasser ? Il n'aimait pas Sieyès qui, lui aussi, « n'avait de fanatisme que celui de son propre génie » (4), et qui, tout gonflé de son importance surfaite, comptant bien exploiter, homme de tête, l'homme à poigne, se décidait avec peine, moitié grincheux, à lui faire quelques avances. Le dernier défenseur de l'ex-abbé se demande sérieusement si Sieyès a partagé sur Bonaparte « l'er-

(1) Vandal, p. 246.
(2) Le rôle de Lucien Bonaparte est spécialement odieux dans toute cette phase de notre histoire. Cet intrigant précoce, auquel les événements donnent à vingt-quatre ans la présidence d'une des Assemblées nationales, a dans toute son attitude quelque chose de faux que n'a pas, à ce point, le principal coupable. Ce faiseur, si sûr de lui-même, que nous voyons pérorer, fulminer, objurguer avec une faconde intarissable, inspirée, dirait-on, par le plus brûlant amour des libertés publiques, que nous trouvons roucoulant aux pieds de Mme Récamier, puis brassant des affaires, « armant des corsaires quelque peu pirates », et se croyant capable de gouverner, lui aussi, la France, inspire une antipathie profonde à ceux qui se refusent d'être dupes de ses poses libérales au temps de l'Empire, qu'il a contribué à faire subir à la France plus que tout autre.
(3) Vandal, pp. 249-250.
(4) Le mot est de M. A. Sorel, *L'Europe*, etc., p. 329.

reur et l'illusion de tous les esprits éclairés de son temps » qui
par « leur acquiescement préalable (au 18 brumaire), préparè-
rent l'anéantissement de la liberté et le suicide de la nation » ;
il se croit autorisé à conclure qu'on « connaissait ses talents
militaires, mais qu'on ignorait son ambition politique » (1). Mais
n'est-ce pas faire à Sieyès une cruelle injure, de le croire capable d'avoir méconnu l'ambition de Bonaparte, après Léoben,
Tolentino, Campo-Formio, Rastatt, ou même après le 18 fructidor ? Il est bien plus probable que, sachant le général ambitieux et hardi, il se crut de taille à le diriger et à le dompter.
Bonaparte, d'ailleurs, ne se hâta pas de répondre aux avances
du directeur, car ce dernier était mal noté dans la fraction
plus avancée du parti républicain, comme coupable de louches
négociations avec la faction d'Orléans et celle de l'étranger, et
le général tenait avant tout « à ne laisser planer aucun doute
sur sa sincérité républicaine et son brûlant patriotisme » (2).
Il y avait de plus entre eux toute l'antipathie naturelle qui
séparera toujours les *théoriciens* des *hommes pratiques,* et peut-
être bien les froissements des premiers jours ne leur auraient
pas permis de lier partie, si le « merveilleux corrupteur »
qu'était Talleyrand n'avait amené par ses soins incessants et
son intervention « lubréfiante » un accord au moins passager
entre les deux acteurs principaux du coup d'État futur.

C'est dans les entrevues du 2 et du 3 brumaire que furent
posées les bases de cette entente si néfaste à la chose publique.
Une fois la glace rompue, Sieyès offrit à Bonaparte son concours
« pourvu que le but poursuivi en commun fût seulement
de sauver la patrie et de fonder la liberté ». Ceux qui nous racontent ce beau dialogue ont malheureusement oublié de nous
dire si les deux augures surent garder leur sérieux en échan-
geant de si mémorables paroles. Chacun d'eux, en tout cas,
comptait bien duper son rival et son allié, et rien ne nous auto-
rise à croire, comme le veut M. Vandal, que Sieyès ait pressenti
dès ce jour l'homme qui, « d'un coup de coude, rejetterait, loin
derrière lui, après le succès, les partenaires actuels ». Il était
trop infatué de son mérite pour le croire et s'il l'eût cru, trop
égoïste pour agir au profit d'un autre. Mais Bonaparte, qui

(1) A. NETON, *Sieyès*, p. 383.
(2) VANDAL, p. 255.

l'avait vite jaugé à sa valeur réelle, rassuré de ce côté, put rompre désormais avec son ancien protecteur Barras, tout en laissant croire « qu'il était dans l'affaire », pour s'assurer de la clientèle spéciale de ce directeur; le plus merveilleux, en toute cette fourberie politique, c'est « qu'on le lui fit croire à lui-même » (1).

Le point capital de l'entente avec une partie du Directoire félon, réglé de la sorte, le reste était d'ordre secondaire. Soit par lui-même, soit par ses affidés les plus sûrs, Roederer, Cambacérès, Le Coulteux, etc., les acteurs subalternes de la pièce parlementaire furent successivement alléchés, chambrés, tentés et conquis; ni les promesses, ni les serments ne furent épargnés, et le fameux mot de Tacite: *Omnia serviliter pro dominatione* devint, en ces jours-là, aussi vrai pour Bonaparte qu'il le fut jamais pour César, pour Auguste et les contemporains de Tibère (2). Seulement, il est permis de douter que l'ardent conspirateur « soit resté dans une pleine sécurité jusqu'au dénouement », et nous savons qu'une fois tout au moins, les conjurés, en leur conciliabule nocturne, s'effarèrent au bruit des voitures, au trot des chevaux qui passaient et pâlirent, se voyant déjà dénoncés et saisis. C'est dans l'une de ces entrevues, celle du 10 brumaire, que les visées communes se précisèrent et que les chefs essayèrent de s'entendre; ils en sortirent « plus expressément complices », mais au fond ils marchaient vers un but différent. Le conspirateur civil rêvait « une oligarchie exclusive, qu'il comptait acheminer dans les voies de l'orléanisme ou de quelque chose d'approchant »; le conspirateur militaire avait des aspirations à la fois plus nettes et plus compréhensives: il « voulait la France », a dit un de ses historiens; « il la voulait impétueusement et entendait la garder, mais pour

---

(1) VANDAL, p. 263.

(2) Aucun effort, aucun mensonge ne lui coûte, en ce moment, pour élargir le cercle de ses admirateurs et de ses fidèles. On le voit, lui si méprisant d'ordinaire pour les *idéologues*, prodiguer « les politesses assidues et les cordialités félines » aux derniers encyclopédistes; on le voit faire dévotement le pèlerinage à la petite maison d'Auteuil, où résidait Mme Helvétius; on l'y entend vanter le bonheur de la retraite, la paix de la nature et ses harmonies profondes, « faisant le Cincinnatus qui aurait lu Rousseau ». Et ce futur « restaurateur des autels », ce « nouveau Constantin », l'idole des évêques du Concordat prochain, affecte devant les philosophes un profond dédain pour « l'antique superstition nationale ». (VANDAL, pp. 266-267).

la gouverner largement et grandement»; les « fragiles barrières dont on voulait l'entourer, il les ferait voler en éclats; l'étroit édifice où l'on prétendait l'enfermer, il comptait l'élargir, l'aérer, le faire assez spacieux et assez haut pour que la France entière y pût trouver abri » (1).

Le programme d'action détaillé, pour autant qu'il touchait au monde parlementaire, fut arrêté séparément par Sieyès et ses intimes. Il ne « se mit pas en frais d'invention; la vieille machine jacobine, le complot liberticide qui avait, tour à tour, élevé et renversé Robespierre, y devait suffire; il n'avait jamais manqué son effet » (2). Il fut donc entendu que le Conseil des Anciens, où dominait son influence, entraîné par la découverte d'une grande conspiration jacobine, grâce au zèle du gouvernement, prononcerait le transfert des Conseils à Saint-Cloud et décernerait au général le commandement supérieur des troupes, ce qui l'émanciperait du contrôle du pouvoir exécutif. D'ailleurs Sieyès et Ducos, étant d'accord pour seconder Bonaparte, forceraient sans peine Barras à donner sa démission; il n'y aurait donc plus de Directoire légal. Le lendemain, à Saint-Cloud, sous la pression des meneurs, appuyés par un déploiement de troupes plus ou moins considérable, les Conseils voteraient les modifications à la Constitution, demandées par « l'opinion publique ». On préférait croire, dans ce milieu *civil*, et par un reste de pudeur, à l'assentiment spontané des législateurs, et Bonaparte, absolument indifférent aux moyens, pourvu qu'il atteignit le but, laissait dire; depuis longtemps sans doute, l'emploi de la force, à défaut de persuasion, était arrêté dans son esprit.

Il avait bien soin d'ailleurs de laisser flotter un certain vague sur toutes ces contingences futures; il ne voulait décourager aucun concours possible et il importait donc de ne pas trop se lier d'avance par les détails d'un programme inflexible. Ce serait plus tard l'affaire d'un Consulat provisoire, de commissions législatives, qui rédigeraient la charte authentique du gouvernement nouveau et la feraient approuver par un plébiscite na-

---

(1) VANDAL, p. 265. — Si l'historien a bien réellement saisi les intentions du maître futur de l'Europe, il faut avouer que l'exécution répondit fort mal à ces projets généreux. L'air manqua singulièrement dans cette vaste prison que fut l'Europe, pour les esprits avides de liberté, tant que dura l'Empire.

(2) A. SOREL, *L'Europe*, etc., p. 468.

tional. L'attitude du général fut d'ailleurs si parfaitement habile — d'autres diront plus volontiers, perfide — que jusqu'au dernier jour tous les partis, les jacobins comme les royalistes et comme les constitutionnels modérés, crurent pouvoir le regarder comme étant des leurs et comptaient entièrement sur lui, tandis qu'en réalité il « les employait et les trompait tous, au profit de ses ambitions et de la France » (1). Si Bonaparte se laissa vraiment « porter au pouvoir par un immense malentendu », comme le veut M. Vandal, il faut ajouter qu'en tout cas il fit tout au monde pour que ce malentendu dût fatalement se produire. On reste stupéfait de l'audace avec laquelle le grand batailleur osait dire encore le soir du 18 brumaire : « *C'est la paix que nous venons de conquérir* ; c'est ce qu'il faut anoncer dans tous les théâtres, ce qu'il faut publier dans tous les journaux, ce qu'il faut répéter en prose et en vers, et même en chansons (2). »

Naturellement il ne parlait pas sur ce mode humanitaire et pacifique aux soldats, car pour eux, Bonaparte était « le Dieu de la guerre » ; mais comme les armées étaient encore imbues, en partie du moins, du souffle révolutionnaire, comme elles n'étaient pas également disposées à acclamer le pur régime du sabre, elles auraient volontiers contribué à *régénérer* l'autorité civile, mais non pas à *détruire* la représentation nationale. Si donc quelque général populaire et respecté avait été là pour les détourner de ce nouveau crime de lèse-nation, le péril aurait pu devenir sérieux pour les conspirateurs. Que Hoche eût encore commandé les armées de la république ; que Moreau eût montré un courage civique égal à son génie militaire ; que Jourdan eût été plus populaire et Bernadotte moins Gascon, nul ne peut prétendre — à l'encontre de ce que plusieurs affirment aujourd'hui — qu'ils n'auraient pas réussi à enrayer l'attentat du 18 brumaire. Mais aucun des généraux présents à Paris ne se sentait de taille à lutter avec le petit Corse fatidique revenu d'Egypte ; ceux mêmes qui le détestaient le plus n'osèrent pas l'affronter en face. D'ailleurs, en quelques jours, ce prodigieux manieur d'hommes sut les embaucher tous ou du moins les neutraliser en paralysant leurs volontés. Il flattait, il exaltait les

(1) VANDAL, p. 274.
(2) VANDAL, p. 276.

dévouements sincères, il achetait les consciences vénales ; il effrayait les uns par la menace de ses colères, il rassurait les autres en ne leur parlant que de retouches légères à la Constitution républicaine ; il ouvrait à tous des perspectives enivrantes de gloire et de richesse personnelle, soldant les plus pressés avec l'argent versé par les fournisseurs concussionnaires et quelques hardis banquiers qui tablaient déjà sur le succès du lendemain.

V

Enfin tout est prêt ; le 15 brumaire (1) a lieu le grand banquet offert par les deux Conseils aux généraux Bonaparte et Moreau dans l'ancienne église de Saint-Sulpice, cérémonie toute d'apparat, qui groupe une dernière fois les partis en présence, irrités, inquiets et méfiants, dans une solennité commune. C'est l'adieu à l'existence de la courte période directoriale de notre histoire et, de fait, la séance dans cette enceinte glaciale est froide elle-même et glacée. Bonaparte n'y paraît qu'un instant, si peu confiant en son étoile que, par crainte d'empoisonnement, il ne goûte qu'au pain et au vin apportés par un de ses aides de camp. Il y boit pourtant, dans une phrase au style lapidaire, singulièrement audacieuse pour un homme qui va tenter un coup d'Etat : « A l'union de tous les Français ! » Pour réaliser plus sûrement ce beau programme de gouvernement, il emploie le 16 et le 17 brumaire « aux préparatifs et aux fourberies de la dernière heure ». Les présidents des deux Conseils (2), les « inspecteurs des salles » — nous dirions aujourd'hui les questeurs — « les entraîneurs » parlementaires se partagent leurs rôles, coryphées, grandes utilités et comparses obscurs. Tous les officiers généraux et supérieurs, en résidence ou de passage à Paris, sur lesquels on croit pouvoir compter, les officiers aussi de la garde nationale, sont convoqués rue Chantereine, pour le 18, à six heures du matin, sous le prétexte d'un voyage urgent du général Bonaparte, qui expliquait assez mal l'heure vraiment insolite de cette audience. Un compatriote

(1) Le 6 novembre 1799.
(2) En prévision d'évènements prochains, Lucien avait intrigué aux Cinq-Cents pour obtenir la présidence du Conseil, et, le 30 vendémiaire, il y avait été porté par la majorité de ses collègues.

corse sans scrupules, le colonel Sébastiani, occupait, dès avant l'aube, la place de la Concorde avec son régiment de dragons. Roederer et Regnault de Saint-Jean-d'Angély avaient rédigé une proclamation aux Parisiens dont le fils Roederer réunit lui-même durant la nuit, les « paquets » épars mis en distribution parmi les ouvriers de l'imprimerie Demonville. L'empereur de demain n'avait pas dédaigné d'employer la future impératrice pour *amorcer* l'un des opposants du Directoire, le galant Gohier ; sur l'ordre de son mari, Joséphine lui écrivit, à minuit, un billet des plus pressants, afin de l'engager à venir déjeuner rue Chantereine, le lendemain à huit heures, où on l'aurait retenu prisonnier. Le général lui-même s'était invité à dîner chez le président du Directoire, Barras, pour le même 18 brumaire, espérant ainsi, « par une suprême rouerie », endormir le chef temporaire de l'État qui restait un adversaire possible. « En fait de conspiration, disait-il plus tard à Sainte-Hélène, tout est permis » ; il n'eut guère, en effet, de scrupules, ce jour-là ; peut-être n'est-on pas injuste à son égard, en ajoutant qu'il n'en eut jamais beaucoup, sur n'importe quelle question de droit ou de morale, dès qu'il s'agissait de traduire en actes son impérieuse volonté.

Les persévérantes recherches de M. Vandal nous ont exposé, pour la première fois, certains côtés tout au moins de ces ténébreuses intrigues préliminaires ; on connaissait mieux déjà, de plus longue date, les événements patents de la fameuse journée, non pas seulement par les narrations officielles contemporaines, si peu véridiques, mais par les indiscrétions et les aveux de certains acteurs du drame. Mais nul encore n'avait mis en œuvre, avec autant de détails pittoresques et tant de précision à la fois, les récits anciens et les documents nouveaux, que l'a fait dans son intéressant volume l'auteur de l'*Avènement de Bonaparte*. Les Anciens sont convoqués aux Tuileries, pour sept heures du matin, par des plantons expédiés à leur adresse, entre cinq et six heures ; on excepte, bien entendu, tous ceux que l'on savait ou supposait hostiles, et qui furent simplement *oubliés* par la questure, afin d'escamoter plus lestement un vote favorable. Pendant ce temps Roederer et Talleyrand mettent la dernière main à une lettre de démission, obligeamment composée à l'usage de Barras, afin de lui faciliter la lâcheté suprême. Au nom de la Commission des inspecteurs, le citoyen

Cornet, le sénateur et futur comte de l'Empire, donne lecture à ses collègues accourus en hâte, d'un rapport sur l'affreux complot des terroristes, qu'on vient de découvrir, et fait appel à l'énergie civique des Anciens pour sauver la patrie. Personne ne réclame la parole, personne n'exprime, à l'égard de ces révélations effrayantes, un soupçon ou même une curiosité peu décente, l'opposition étant absente tout entière, et pour cause. Aussi le décret de translation des Conseils de la République à Saint-Cloud, incontinent proposé, vivement appuyé par le citoyen Régnier futur grand-juge et futur duc de Massa, est-il unanimement approuvé ; le général Bonaparte est chargé de l'exécution du décret. « On tenait désormais le pivot sur lequel toute l'opération allait tourner (1). »

Rue Chantereine, on pouvait contempler un autre spectacle, purement militaire et plus intéressant pour les rares badauds, levés d'aussi bonne heure. La cohue des généraux empanachés et fiévreux se pressait dans la rue, dans les salles exiguës de l'immeuble et dans l'étroit jardin, quelques-uns hésitant encore, les autres tout gagnés, comme Moreau, Macdonald, Beurnonville, Lefebvre, etc. Surviennent Cornet et les messagers d'État, en grand costume de cérémonie, apportant le décret des Anciens ; le moment d'agir est venu. Bonaparte s'élance à cheval, en demandant à son entourage « qu'on l'aide à sauver la République », et après avoir donné l'ordre d'afficher immédiatement les proclamations imprimées pendant la nuit, et celui de mettre la main sur les municipalités de la capitale, il se dirige vers les Tuileries, suivi de ce brillant et bruyant état-major. Sieyès, qui, depuis plusieurs mois, prenait des leçons d'équitation dans le manège du Luxembourg en vue des événements prochains, s'y dirige à son tour d'une allure moins belliqueuse, en abandonnant la résidence officielle de l'Exécutif à ses collègues effarés. A la nouvelle du tumulte qui se produit dans Paris, Gohier et Moulins convoquent en vain le Directoire. Ducos a disparu, lui aussi, et Barras est au bain et ne se soucie pas d'en sortir, car il est parfaitement prêt à trahir, comme les deux directeurs conjurés, pour peu qu'on veuille lui faire sa part dans la curée. Il se contente d'envoyer son secrétaire Bottot aux nouvelles, pour apprendre d'où souffle en ce

(1) VANDAL, p. 103.

jour le vent de la Fortune. D'ailleurs, tout autour du Directoire, la trahison opère déjà ; ses antichambres restent vides ; la garde directoriale elle-même a quitté son poste au Luxembourg, et ce qui subsiste du pouvoir exécutif de la République reste exposé de la sorte aux avanies du premier venu.

Cependant le général Bonaparte entre au Conseil des Anciens afin d'y prêter serment en sa qualité nouvelle de chef de la force publique ; mais il ne se soucie guère de prononcer la formule officielle d'obéissance à la Constitution, au moment même où il s'apprête à la trahir. Un auditoire aussi bienveillant que celui qu'il aborde aux Tuileries, lui permet heureusement d'employer un subterfuge. « Nous voulons, s'écrie-t-il, une République fondée sur la liberté, sur l'égalité, sur les principes sacrés de la représentation nationale. Nous l'aurons, je le jure ! » Immédiatement après ces paroles, en vertu même du décret de translation, la séance est levée, le premier acte de la pièce est joué. Mais il y manquait encore une dernière scène, que Bonaparte réservait pour un auditoire plus nombreux et pour un théâtre plus vaste. En descendant de la salle des séances au jardin des Tuileries, il aperçoit près de lui le malencontreux Bottot, l'émissaire de Barras, qu'il connaît très bien de longue date, et dont la présence lui fournit une occasion merveilleuse de soulever contre le régime qu'il voulait détruire, le mépris public, tout en évitant d'attaquer nominativement des gens dont il pourrait encore avoir besoin plus tard. Il le prend au collet et lance au scribe ahuri cette tirade fameuse, tant admirée par les contemporains et qu'applaudit la foule, excitée déjà par les placards apposés dans la ville : « Qu'avez-vous fait de la France ?... » Cette apostrophe, on a pu la lui retourner à lui-même, à meilleur escient, après les désastres de 1814 et 1815, et soixante ans plus tard, un vaillant Français, le duc d'Aumale, devait la reprendre encore, pour flétrir avec une éloquence entraînante et pour condamner la politique du second Empire. Pour nous, dont les pères ont connu l'expérience douloureuse de 1815 et qui avons subi celle, plus néfaste encore, de 1870, nous avons quelque peine à contenir notre colère en entendant cet homme, dont l'ambition sans frein allait étendre plus d'un million de victimes dans la tombe, les semant par toute l'Europe, de Lisbonne à Moscou, s'écrier d'un front d'airain : « Qu'avez-vous fait de cent mille Français, que je connaissais, mes compagnons de gloire ? Ils sont morts..... Cet état de choses ne peut durer ; avant trois ans il nous mènerait au despotisme ! (1) »

VI

De l'autre côté de la Seine pourtant, vers midi, les Cinq-Cents entraient à leur tour en séance. A peine installé au fauteuil, le président Lucien Bonaparte donne lecture du décret des Anciens, puis déclare que la séance est close, sous prétexte que toute discussion parlementaire est, par ce décret, légalement interdite ailleurs qu'à Saint-Cloud. Du reste, les troupes massées devant l'ancien Palais-Bourbon avertissent assez les députés qu'il n'y a guère moyen, pour eux du moins, de désobéir à la loi. Les uns, plus ou moins prévenus déjà, satisfaits et secrètement triomphants, se dirigent vers les Tuileries, les autres, en grande majorité, mais stupéfiés, sans élan, sans confiance dans le peuple, dont ils se sentent délaissés, se dispersent pour se retrouver ensuite en des conciliabules impuissants. Au Luxembourg, Barras finit par s'étonner, puis par s'inquiéter d'être négligé par les vainqueurs, qui décidément semblent dédaigner son concours. L'arrivée de Talleyrand et de l'amiral Bruix le met en présence de l'humiliante réalité ; ils lui tendent le brouillon raturé de la lettre qu'il va être censé écrire aux Anciens pour leur annoncer qu'à la suite « du retour du guerrier illustre, auquel il a eu le bonheur d'ouvrir le chemin de la gloire, il rentre avec joie dans les rangs de simple citoyen », heureux de lui remettre « plus respectables que jamais, les destins de la République ». Cette lettre, bien digne en effet de celui qui l'écrivit et de celui qui la signa, fut-elle délivrée gratuitement ou les finances de la France payèrent-elles l'abjection de son chef officiel ? La lâcheté de Barras fut-elle doublée de convoitise ? Cruelle énigme, qu'on ne pourrait résoudre qu'en remuant beaucoup de boue, car si Talleyrand peut sembler assez vil pour avoir volé l'argent destiné par Bonaparte à

(1) Notre indignation s'accroît encore quand nous apprenons par M. Vandal (p. 317), que le grand comédien, en s'exprimant ainsi, ne faisait que réciter en partie une adresse des Jacobins de Grenoble et quand nous le voyons, immédiatement après cette « exécution » farouche, attirer Bottot à lui et lui dire à l'oreille que « ses sentiments personnels pour Barras subsistaient invariables ».

Barras (ainsi que ce dernier l'affirme dans ses Mémoires) (1), Barras, à l'estime de M. Vandal, était assez vil aussi pour battre monnaie de son déshonneur suprême. Il disparait ainsi pour toujours de l'histoire, enveloppé de son escorte de dragons, sur la route de Grosbois, le plus cynique parmi les acteurs du drame révolutionnaire, s'il n'avait laissé à l'Empire futur les Talleyrand et les Fouché.

Restaient Gohier et Moulins, « internés » au Luxembourg, sous la surveillance de Moreau. C'est avec un sentiment de dégoût amer que nous voyons l'ex-général en chef de l'armée du Rhin, l'illustre vainqueur de Hohenlinden, consentir à jouer à leur égard le rôle de factionnaire ou plutôt de geôlier, fumant pipe sur pipe dans la morne solitude de l'ancien palais de Marie de Médicis, alors que son rival, plus heureux, se produit aux applaudissements de la foule parisienne. Il n'était pas exempt de soucis cependant, Bonaparte, quand, le soir venu, dans le grand conciliabule des intimes, il s'agit d'arrêter les résolutions définitives en vue des événements possibles du lendemain. Sans doute les conspirateurs semblaient maîtres de Paris et pouvaient se croire appuyés par une partie considérable de l'opinion publique. Mais la séance du Conseil des Cinq-Cents s'ouvrant à Saint-Cloud, ce n'en était pas moins l'inconnu. Il n'était guère possible de fermer la bouche, une seconde fois encore, à la représentation nationale. Se laisserait-elle juguler sans appeler au secours ? Et que dirait le peuple d'un pareil acte de violence brutale, même si les soldats consentaient à l'accomplir ? Assurément le Directoire était honni, méprisé par une foule de citoyens, mais il est faux de prétendre que les Conseils partageaient cette impopularité profonde et, comme l'a fait remarquer M. John Holland Rose, il pouvait fort bien se faire que le peuple de la capitale, approuvant l'amputation d'un membre pourri, se révoltât contre la tentative de paralyser le cerveau du corps politique (2). On discuta donc fort avant dans la nuit, sans arriver à préciser les détails du programme du lendemain ; Sieyès préconisa, nous affirme-t-on, tout particulièrement les mesures violentes et surtout une « épuration » préalable des

---

(1) *Mémoires*, IV, p. 263. Voy. ce que dit M. Georges Duruy sur la vénalité de Barras, dans l'Introduction (p. xxvii) de ce même volume.
(2) J.-H. Rose, *Life of Napoleon*, London, Bell, 1902, tome I, p. 224.

Cinq-Cents, tandis que Bonaparte au contraire se serait prononcé pour les voies de douceur, tant il se croyait sûr de son irrésistible ascendant sur les républicains et les Jacobins désunis (1). Ces derniers s'agitaient de leur côté ; leurs coryphées militaires, Augereau et Jourdan, s'imaginaient toujours encore que le général était pour le fond d'accord avec eux et décidèrent en conséquence de s'abstenir (2). Plus perspicaces, les Jacobins civils voulurent se procurer l'appui de Bernadotte. Le remuant Gascon n'eut garde de refuser ; il proposa seulement qu'on le nommât général en chef contre Bonaparte, dès le moment où s'ouvrirait la séance du Conseil. Mais le futur roi de Suède n'était pas de taille à jouter contre le futur César ; il n'osa pas se mettre en avant, quand l'heure fut venue. Toutefois la situation ne laissait pas d'être singulièrement complexe, le 19 brumaire au matin, et l'un des principaux conjurés disait à Cambacérès, à ce moment même : « Je ne sais trop comment cela finira. »

VII

Cela commençait en tout cas comme une partie de plaisir pour la population de Paris, plutôt que comme un grand drame politique. Les curieux, massés dans les larges avenues de la capitale, voyaient sortir en hâte de l'enceinte et rouler vers Saint-Cloud, les berlines de poste, les cabriolets de place, les voitures de maître élégantes, remplies de députés et de leurs clients, de journalistes, « d'observateurs » de police, de correspondants et d'espions de l'étranger ; on voyait passer et on se montrait Sieyès (3) et Ducos, Joseph et Lucien Bonaparte, Roederer et Talleyrand (4), Benjamin Constant et le poète Arnault, « des militaires en quête de grades, des civils en quête d'emplois, des amateurs de tout genre, tous d'ailleurs bavards, informés,

---

(1) « Je réponds de tout », aurait-il déclaré.
(2) On a quelque peine à comprendre comment ces deux généraux, tout bornés qu'ils fussent, ont pu s'imaginer encore, *à ce moment*, que l'affaire était entreprise au profit des républicains extrêmes.
(3) On prétend que l'ex-abbé, toujours prudent, emportait dans sa berline de voyage les fonds nécessaires pour vivre au delà de la frontière si le coup d'État échouait.
(4) Talleyrand avait avec lui M. de Montrond « avec un remarquable état-major de drôles à tout faire » (A. Sorel, *La Révolution*, p. 475).

curieux et de belle humeur, telle était leur confiance dans le succès du coup d'Etat » (1). Là-bas, dans ce palais fatidique, aujourd'hui disparu, l'on improvisait à la hâte des salles de séance pour les Conseils, aménageant la galerie d'Apollon pour les Anciens, l'Orangerie pour les Cinq-Cents. Des troupes de toutes armes stationnaient dans les cours et les allées ; les généraux, les officiers, les députés, toute une foule de curieux de marque se promenaient fiévreusement dans les couloirs et dans le parc, impatients de voir enfin s'engager l'action qui réunissait tant d'acteurs de choix.

C'est à une heure seulement que le froid hangar, métamorphosé pour vingt-quatre heures en enceinte parlementaire, s'ouvrit aux législateurs qui s'y engouffrèrent, drapés dans leurs longs manteaux rouges, énervés et surexcités, comme on pense, par les longs moments d'attente. Dès le début, la situation parut se gâter pour les conspirateurs ; les jacobins crièrent : « Point de dictature ! A bas le dictateur ! » Lucien se voit hué, presque menacé par ses collègues ; mais un incident inattendu vient lui rendre quelque confiance. L'un des adversaires du complot, le député Delbrel, propose de renouveler solennellement le serment de fidélité à la Constitution. En vain le député Grandmaison, plus pratique, demande qu'on interpelle sur-le-champ les Anciens sur les motifs de leur décret. L'amour des scènes théâtrales, ce fléau de la Révolution qui nous poursuit encore aujourd'hui, l'emporte une fois de plus, et le président, très satisfait au fond de cet incident, laisse défiler devant lui, pendant près de trois heures, les députés, répondant : « Je le jure ! » à l'appel de leurs noms. Ainsi fut gaspillé un temps précieux ; ce répit avant la crise finale fut d'ailleurs très mal employé par les conspirateurs. Le Conseil des Anciens aurait pu en profiter pour organiser vivement le pouvoir consulaire qu'ils visaient ; mais, là aussi, l'atmosphère était chargée d'orages. Les membres *oubliés* la veille, réclamaient à grands cris contre l'illégalité commise à leur égard ; la minorité s'était reprise, elle posait avec une insistance croissante des questions au moins indiscrètes à la majorité et, pour la faire

(1) A. SOREL, *La Révolution*, p. 175. Le tableau si détaillé de cet exode curieux, raconté par M. Vandal (p. 311-351), nous montre tous ces conspirateurs pleins d'un rare entrain, assurés de tenir les députés dans la *souricière* de Saint-Cloud.

taire, Cornudet dut rappeler l'article de la loi d'après lequel les Anciens ne pouvaient délibérer avant que l'autre Conseil ne leur eût officiellement annoncé qu'il s'était « constitué » lui-même. Les meneurs de la majorité suspendirent donc leur séance, pour paralyser leurs adversaires, mais ils durent renoncer de la sorte à agir eux-mêmes, et l'aventure put sembler un instant assez compromise, puisque tout complot avéré qui n'avance pas est en passe d'échouer. Le général Bonaparte qui se tenait, inquiet et rageur, dans un cabinet du premier étage, avec Sieyès et Ducos, sent alors qu'il n'y a plus un instant à perdre, d'autant plus qu'on lui signale l'arrivée à Saint-Cloud d'Augereau et de Jourdan, qui ne manqueraient pas de stimuler le courage de leurs amis jacobins. Entouré de quelques aides de camp, il se dirige, sur les quatre heures, vers la salle des Anciens ; ce n'est plus le cortège brillant de la veille et lui-même n'a plus l'aplomb de l'apostrophe au Directoire. Il n'a pas d'ailleurs, il n'aura jamais le don de parler en public, d'empoigner le cœur d'une assemblée. Lui qui, la plume à la main, trouve de si brillants effets oratoires pour enlever ses soldats, il se sent paralysé, troublé par son rôle louche et trompeur ; « il veut être chaleureux et entraînant, il n'est qu'emphatique et diffus » (1). Il annonce à ces législateurs, toujours désireux, en majorité, de le soutenir, que les « partisans de l'échafaud » veulent arracher de leur sein « tous ceux qui ont des idées libérales ». Il leur crie : « Si je suis un perfide, soyez tous des Brutus ! » Quelques-uns lui réclament des noms propres, les chefs de ce fameux complot terroriste, découvert par Sieyès ; il cite ceux de Barras et de Moulins, qui lui auraient confié des « projets subversifs » ; il s'essouffle, il s'embrouille, il place malencontreusement, dans sa harangue, une phrase qui lui a servi jadis au Divan du Caire et qui lui remonte assez mal à propos à la mémoire : « Souvenez-vous que je marche accompagné du dieu de la Victoire et du dieu de la Guerre » (2). Il devient presque grotesque dans ses adjurations emphatiques : « Si la liberté périt, vous serez comptables envers l'univers, la postérité, la France et vos familles ! » Mais il ne parvient ni à énoncer sé-

---

(1) VANDAL, p. 368.

(2) « *Phrases which smacked of the barracks rather than of the Senate* » dit à cette occasion M. Rose (*Life of Napoleon I*, p. 224).

— 36 —

r'eusement un fait, ni à inculper le moins du monde personne. Bonaparte, écrivait il y a trente-cinq ans déjà Lanfrey, n'a pu trouver devant ses complices, « sinon une preuve, du moins une accusation accompagnée sur quelques apparences..., vérité vainement obscurcie par des sophistes, plus ingénieux dans leur apologie du despotisme que le despote lui-même » (1).

Il se retire enfin, épuisé de fatigue, sans avoir persuadé aucun de ses auditeurs et — ce qui est plus dangereux pour ses projets — sans avoir su donner à ses amis, comme à ses ennemis, l'impression de la force ouverte ou latente. On se met à discuter ses projets, même aux Anciens, au lieu d'être entraîné, soulevé et fasciné par lui. Cependant il dirige ses pas vers l'aile du palais où siègent ces mêmes Cinq-Cents qu'il vient d'accuser devant leurs collègues, de crime de trahison et de lèse-patrie. Que leur voulait-il ? Les convaincre de leurs méfaits, les persuader de disparaître sans résistance ? Assurément, sa confiance en lui-même, quelque grande qu'elle fût, n'allait pas jusque-là ; mais il songeait, vraisemblablement, à les provoquer par sa présence, à les exaspérer par ses paroles, pour avoir sur eux une prise matérielle, un motif d'intervention de la part de la soldatesque. Aussi se fait-il accompagner, en outre de ses officiers, de quelques grenadiers robustes, à la poigne solide ; ainsi protégé, sans doute il domptera la bête fauve. Mais il avait compté sans cette force électrique qui se dégage d'une assemblée populaire dont les nerfs sont violemment tendus sous l'influence des passions les plus puissantes du cœur humain. Au moment même où il pénètre dans la salle, en avant de son escorte, botté, éperonné, en grand uniforme de général, pour s'approcher de la tribune, au-dessus de laquelle siège Lucien, une immense clameur retentit de toutes parts : « A bas le tyran ! Hors la loi ! » Les plus confiants et les plus aveugles viennent d'apercevoir en lui, de leurs yeux subitement ouverts, ce César et ce Cromwell qu'il reniait, tout à l'heure, dans une autre enceinte, comme ses maîtres et ses modèles. Plusieurs des plus ardents s'élancent, le saisissent au collet et le secouent rudement. Au contact de leurs mains violentes et de leurs haleines enfiévrées, le général « petit, grêle, nerveux, impressionnable, qui eut toujours horreur du contact matériel des foules, éprouve une défaillance

(1) P. LANFREY, *Histoire de Napoléon I*, tom. 1, p. 476.

physique, sa poitrine s'oppresse, sa vue se trouble » (1). Soldats, adjudants, généraux s'élancent à la rescousse, les spectateurs épouvantés s'enfuient par les fenêtres, au milieu d'un tumulte épouvantable, tandis que le groupe militaire bat en retraite, poursuivi par quelques jacobins en colère, dont l'un, le gigantesque Destrem, essaie d'atteindre et de bourrer de coups l'usurpateur, entouré par les bras et couvert par les corps de ses séides. C'est une scène de pugilat excessivement vulgaire, mais nullement la scène d'assassinat qu'inventèrent bientôt de complaisants historiographes, de connivence avec Bonaparte lui-même. Grâce à l'étude de M. Aulard (2), confirmée de tous points par M. Vandal, il ne reste rien aujourd'hui de la légende du grenadier Thomé, blessé lui-même en détournant de son général le poignard d'Aréna. Aucun jacobin n'a tenté de frapper l'homme qui venait de provoquer le glaive de tous les Brutus; s'ils avaient voulu réellement le tuer, à coup sûr il n'aurait pas quitté vivant l'enceinte d'où on le vit sortir « soutenu par deux soldats, affreusement pâle, les traits bouleversés, la tête penchée sur l'épaule, suffoquant, presque évanoui » (3), tandis que derrière lui retentissaient encore les clameurs furibondes : « Hors la loi ! Hors la loi ! »

VIII

Dans la salle même, la majorité, plus excitée que jamais, somme Lucien Bonaparte de mettre aux voix la mise hors la loi du général félon. Avec un président honnête homme, quelques chances restaient peut-être à la légalité contre la violence ; en tout cas, une chute moins lamentable aurait terminé plus dignement l'existence de la dernière assemblée parlementaire issue de la Révolution. Mais ce Lucien, que M. Vandal trouve « merveilleux » et « très digne », et qui ne fut ce jour qu'un merveilleux histrion, s'applique, traître lui-même, à tromper encore les esprits, à faire perdre un temps précieux à ses collègues. Il proteste avec emphase des sentiments républicains de son frère, des siens, il se cramponne à la tribune ; en vain, sa voix est couverte par les clameurs irritées d'une Cham-

(1) VANDAL, p. 374.
(1) *Études et leçons sur la Révolution*, 3ᵉ série, pp. 274-289.
(2) VANDAL, p. 375.

bre en délire, où nul, malheureusement, n'a l'esprit assez calme ni la volonté assez puissante pour la ramener à la réalité de sa situation terrible, pour lui faire comprendre la nécessité d'une action rapide, décisive, finale (1).

Bonaparte est rentré au palais: Talleyrand lui fait dire que la mise hors la loi va être votée dans quelques minutes et qu'alors il sera trop tard; il s'approche d'une fenêtre de la pièce où on l'avait conduit; hagard, il porte la main à son épée, dégaine, crie: « Aux armes! » s'élance sur un cheval fougueux, qu'il maîtrise avec peine, et galopant de ci de là, s'adresse aux officiers, aux soldats, prodiguant les affirmations mensongères, accusant les députés d'être stipendiés par l'Angleterre pour trahir leur pays. « J'allais leur indiquer les moyens de sauver la République, ose-t-il s'écrier, et ils ont voulu m'assassiner! » Un pur hasard rend son récit vraisemblable: la poussée des humeurs malsaines avait semé son visage de boutons et dans les moments d'impatience mortelle qu'il venait de traverser, il s'était lacéré la figure de ses ongles, de sorte qu'il avait réellement du sang sur la peau. Aussi « les soldats s'indignaient, piétinaient de rage, serraient convulsivement leur arme, leur haine des avocats s'exaspérait » (2). Déjà le jour baissait, l'intérieur de l'édifice s'obscurcissait à vue d'œil, bientôt la brume de novembre allait tout envelopper; « encore quelques instants et le jour indécis va sombrer dans la nuit. » Le dénouement ne peut donc tarder; mais quel sera-t-il? Encore à cette heure, rien n'est moins assuré que le triomphe de Bonaparte; si quelque chef populaire dans l'armée, si Jourdan, Bernadotte, Augereau surgissaient à ce moment précis (3), venaient se mettre à la tête des grenadiers du Corps législatif, présents dans la cour, incertains encore, hésitant entre le devoir et la camaraderie, qui peut dire comment les choses

---

(1) La déclaration de mise hors la loi n'aurait pas eu peut-être d'efficacité immédiate, mais elle serait restée dans l'histoire. La mise en accusation de Napoléon Bonaparte par les représentants du peuple au 2 décembre 1851, devant la Haute-Cour, pour cause de forfaiture, a pu sembler vaine pendant dix-neuf ans, mais la Révolution du 4 septembre s'est chargée de parfaire la procédure et, par le vote presque unanime de l'Assemblée Nationale, au 1er mars 1871, la justice de l'histoire a été satisfaite.

(2) VANDAL, p. 381.

(3) Augereau et Jourdan étaient là, dans le parc, dans le château; mais ils n'osèrent jouer leur va-tout et, comme toujours, le plus audacieux l'emporta.

auraient tourné ? C'est l'un des meneurs du complot qui l'avoue. En tout cas, les soldats auraient vidé la querelle ; l'éloquence parlementaire y aurait été pour peu de chose et le peuple pour rien. « Si les cris de : *Hors la loi !* avaient retenti, non dans les solitudes de Saint-Cloud mais au cœur de Paris, ils auraient trouvé, dit M. Rose, de l'écho dans les masses populaires furieuses, luttant pour la liberté » (1) ; mais je crains bien que l'historien prudent et sincère ne doive restreindre cette affirmation trop précise par un sceptique et douloureux *peut-être*.

Lucien, à bout de souffle et de forces au milieu du vacarme, finit par déposer solennellement sur la tribune ses insignes présidentiels, afin de n'avoir pas à prononcer, disait-il, la condamnation de son frère. Pendant qu'il se livre à cette dernière démonstration théâtrale, il dépêche au général un intime, Frégeville, pour lui dire qu'avant dix minutes la séance doit être interrompue ou qu'il ne répond plus de rien. Bonaparte, ainsi mis en demeure d'agir ou de succomber, se ressaisit enfin, retrouve sa promptitude d'action, son prodigieux sang-froid dans le danger. Sur son ordre, dix grenadiers entrent dans la salle, pénètrent en criant : « Vive la République ! » jusqu'à la tribune, où se trouve encore Lucien, l'entourent et l'emportent avant que l'assemblée fût revenue de sa stupéfaction profonde. Le président, à peine dehors, se fait amener un cheval de dragon, l'enfourche et haranguant les troupes réunies dans la cour, leur affirme en sa qualité de président des Cinq-Cents, que l'immense majorité du Conseil est sous la terreur de quelques représentants à stylet, qui enlèvent les délibérations les plus affreuses et, soldés par l'Angleterre, se sont mis en rébellion contre le Conseil des Anciens. « Ils se sont mis eux-mêmes hors la loi ; que la force les expulse !... Ces brigands ne sont plus les représentants du peuple, mais les représentants du poignard ! »

Cet homme que M. Vandal trouve « vraiment extraordinaire et beau » en ces journées de brumaire, qui « joue vingt rôles en une journée avec une prestigieuse habileté » (2), ajoute à ces odieux mensonges une ridicule, mais décisive pantomime. « Il

---

(1) *Life of Napoleon I*, p. 226.
(2) J'aurais voulu que M. Vandal ajoutât qu'il n'en joua aucun, ce jour-là, qui ne doive sembler ignoble et répugnant à tout homme d'honneur, pour peu qu'il se refuse à séparer la morale politique de la morale vulgaire.

— 40 —

se fait donner une épée nue, dont il étend la pointe vers la poitrine de Bonaparte et dans cette pose tragique, avec une intonation à la Talma, jure qu'il tuera de sa main son frère, si celui-ci attente jamais à la liberté des Français » (1). L'effet théâtral est enfin produit, les troupes l'acclament, la charge bat, Murat forme en hâte une colonne de grenadiers, et tous pêle mêle, officiers, généraux, soldats, escaladent le perron, s'engagent dans le château et foncent sur l'Orangerie où la terreur des spectateurs, le désarroi des députés augmente à mesure que le bruit du tambour se rapproche, menaçant, brutal et dominateur ; enfin les portes s'ouvrent avec fracas, les baïonnettes étincellent, Murat et ses sous-ordres hurlent : « Citoyens, vous êtes dissous ! » Puis, le futur roi de Naples, destiné lui aussi aux exécutions sommaires de l'avenir, se tourne vers ses grenadiers, leur montre du doigt la représentation nationale et clôt ses séances par ces mots conservés par l'histoire : « Foutez-moi tout ce monde-là dehors ! »

C'est ainsi que finissent les républiques, où, sous prétexte de gloire, on tolère que l'armée se mette en dehors et bientôt au dessus des lois. C'est ainsi qu'après dix ans d'âpres luttes pour la liberté, se réalise la parole de Mirabeau ; les députés sortaient par la force des baïonnettes. « C'est que, dit M. Vandal, la volonté nationale qui à Versailles les avait faits intangibles, ne les soutenait plus à Saint-Cloud... La force morale, cette force qui se crée par la sourde coalition des volontés individuelles, était maintenant du côté des baïonnettes (2). » Mais ce qui n'est pas vrai, ce qui ne sera jamais vrai, pas plus au 18 brumaire qu'au 2 décembre, pas plus qu'au jour de quelque louche *pronunciamento* tenté dans l'avenir — dût-il momentanément réussir ! — c'est qu'on ait le droit de nous représenter la volonté de la France, ses convictions libres et réfléchies, dans une poignée « d'officiers furieux et goguenards », dans une cohue de soldats affolés par d'ignobles mensonges, alléchés par des promesses de gain, poussés en avant par des ambitieux dénués de tout scrupule !

Les Anciens, enfin rentrés en séance, convaincus d'avance par des arguments aussi formidables et résignés à tout voter,

(1) VANDAL, p. 387.
(2) Nous nous sommes déjà expliqué sur cette parole de M. Vandal (p. 389) au début de notre étude ; nous ne nous y arrêterons donc pas.

firent « semblant de croire que l'autre Conseil s'était spontanément dissous, dispersé, évanoui ». Le très utile Cornudet bâcle sur-le-champ un nouveau rapport concluant à l'ajournement des Anciens, à la formation d'un Consulat provisoire et de Commissions législatives intermédiaires. Dès sept heures, tout était voté, contre une seule voix dissidente qui d'ailleurs allait se rallier bientôt après. « Le génie de la République a sauvé le général », s'écriait Fouché le même soir, dans sa proclamation aux Parisiens ; « le Corps législatif a pris toutes les mesures qui peuvent assurer le triomphe et la gloire de la République ! » Sortant de cette séance, Réal, le futur comte, conseiller d'État et chef de la police impériale, rencontrant un des représentants expulsés, qui errait encore affolé à travers le parc, lui disait avec moins de pompe, mais plus véridiquement, avec un gros rire satisfait : « La farce est jouée ! »

Assurément la plupart de ces députés obscurs, si facilement dispersés par les grenadiers de Murat, puisqu'ils étaient abandonnés par la masse de la nation (1), n'ont été bien remarquables, pour la plupart, ni par l'intelligence ni par la force de leur volonté, et cependant il faut les plaindre quand, sortant en détresse de l'enceinte de Saint-Cloud, et cherchant quelque appui, ils ne trouvent autour d'eux que « des visages étonnés, des esprits convertis subitement à la force, des incrédules et des muets » ; il faut les plaindre et plaindre aussi la patrie, quand ils se dispersent et s'éloignent « avec le souvenir des grandes choses dont ils avaient été les témoins et les auteurs. En se voyant si légèrement reniés au grand jour, quelques-uns se renièrent ; d'autres, plus forts, se raidirent, mais gardèrent le silence. Ame, conscience, vérité s'éclipsèrent. Ne demandez pas une autre cause de l'incroyable stérilité morale qui s'approche et s'étend sur les premières années du siècle ! » (2)

« Ce n'est pas parce que deux tambours et quelques grenadiers pénètrent dans l'Orangerie de Saint-Cloud, dit excellemment M. Albert Sorel, que le Directoire croula. La cause en fut l'état général des esprits... Ce qui emporta tout, ce fut l'allure géné-

---

(1) « Où est la foule ?... Ils se voient dans le délaissement où, tour à tour, ont sombré la Cour, les Girondins, les Dantonistes... Non seulement la tempête ne souffle plus, les poussant au rivage, mais les eaux se sont retirées ; ils sont échoués dans un marécage. » (A. SOREL, L'Europe et la Révolution, V, p. 477).

(2) EDGAR QUINET, La Révolution, II, p. 505.

rale, la Constitution atteinte mortellement en fructidor, le Directoire honni, Bonaparte populaire (1). » On peut ajouter peut-être encore, avec M. Vandal, que la réussite de la journée « ne s'explique que par la conviction où était tout le monde, y compris Bonaparte, qu'en prenant le gouvernement, il assurait la République et garantissait la Révolution » (2). Je retrancherais de la phrase du savant historien l'incidente « y compris Bonaparte » et je demanderais à faire une importante restriction sur l'étendue du *tout le monde*, en retranchant de cette foule, ceux-là précisément qui, connaissant de plus près le général, contribuèrent le plus au succès de l'attentat. Car si j'admets volontiers que le gros du public pût croire au premier instant à une ardeur républicaine, affirmée avec tant d'audace, je me refuse à en être encore la dupe, après que l'histoire a si nettement démasqué le « sauveur » de Brumaire (3).

Telle est l'histoire résumée, mais fidèle des fameuses journées du 18 et du 19 brumaire, de « la grande déroute parlementaire », comme l'appelle M. Vandal, dont j'ai scrupuleusement emprunté les traits principaux aux récits mêmes des historiens distingués qui les ont racontées naguère ; on sait maintenant par quelle porte basse, librement choisie par lui, le brillant général de l'armée d'Italie, le légendaire sultan d'Egypte, rentra dans l'histoire de son pays.

IX

Il nous reste à résumer, en peu de mots, le lendemain de Brumaire, ce lendemain tant admiré par les contemporains, qui pouvaient croire à ses promesses, trop vanté, selon nous, par plusieurs qui n'ont pas l'excuse d'ignorer les jours mauvais qui l'ont suivi. Pendant que Paris, toujours frivole et changeant, s'endort satisfait de ce qu'il ait eu une nouvelle *journée*, une émotion de plus dans la monotonie de son existence, les me-

---

(1) A. Sorel, *L'Europe et la Révolution*, p. 487.
(2) Vandal.
(3) « Les crises révolutionnaires avaient affaibli le cerveau de la France, dit très justement M. Rose, et l'avaient prédisposée à accepter les faits accomplis. Affolées par les racontars sur les complots royalistes et les complots jacobins, pour se dérober à l'Ogre blanc comme au Spectre rouge, les populations crédules vont se cacher sous le manteau du grand soldat qui promet de faire régner l'ordre autour de lui. » (I, p. 228).

neurs de l'affaire organisent un simulacre de séance publique des Cinq-Cents avec quelques complices racolés à la hâte, dans cette salle maintenant déserte de l'Orangerie, à peine éclairée par la lueur fumeuse de quelques chandelles. Au milieu des banquettes renversées, mêlés à des domestiques, entrés là pour se chauffer, les comparses plus ou moins éveillés de ce parlement Croupion délibèrent, approuvent les décisions prises par les Anciens, et Lucien ne leur épargne pas même la bassesse suprême d'un vote portant que les généraux et les soldats qui « les avaient mis si proprement dehors », avaient « bien mérité de la patrie ». Lui-même, il se surpasse : « Si la Liberté, déclare-t-il, est née dans le Jeu-de-Paume de Versailles, elle fut consacrée dans l'Orangerie de Saint-Cloud ; elle vient aujourd'hui de prendre la robe virile ! » On comprend que Lanfrey, après avoir cité ces incroyables paroles, ait ajouté ce mot vengeur : « L'histoire a conservé le souvenir de plus d'un solennel mensonge ; mais on citerait difficilement une circonstance où la vérité ait été outragée avec plus de cynisme et d'impudeur (1). »

Qu'à des scènes pareilles, à d'aussi lamentables attentats, on éprouve le besoin de faire succéder des tableaux en apparence plus réconfortants ou moins odieux, cela est facile à comprendre et ceux-là même qui franchement, ou d'une façon plus discrète, applaudissent le 18 brumaire, et peut-être même en appellent un nouveau de leurs vœux, ont grand soin de reporter l'attention de leurs lecteurs sur l'œuvre subséquente des complices de ces journées. M. Vandal a consacré toute la seconde moitié de son remarquable volume à nous retracer le spectacle de la France officielle acceptant le coup d'État et reconnaissant dans Bonaparte son mandataire et son sauveur, encore qu'en observateur sagace, il n'ait pu s'empêcher d'observer que « — fait singulier ! — l'apparition du grand faiseur d'ordre... provoqua d'abord une recrudescence de désordre » dans le pays (2). En présence de certains panégyristes à outrance du nouveau régime, des détracteurs violents du régime déchu, il

(1) P. LANFREY, *Histoire de Napoléon*, I, p. 176.
(2) VANDAL, p. 444. — Pourquoi *singulier* ? C'était au contraire fort naturel, puisqu'au début les admirateurs et les imitateurs de Bonaparte ne savaient pas encore si le despote l'emporterait sur le factieux et que les illégalités d'en haut engendrent forcément les désordres d'en bas.

serait de bonne guerre, en effet, de rappeler que le premier Consul, s'il a mis de l'ordre dans l'administration et dans les finances, n'a nullement « rétabli l'ordre en France » dans les premiers temps de son pouvoir ; la chouannerie, par exemple, continue longtemps encore, et c'est plus d'un an après qu'il est proclamé chef de l'Etat, qu'on arrête des diligences aux portes mêmes de Paris. Les conspirations royalistes, les attentats de tout genre se produisent comme par le passé, et jusqu'aux derniers jours de l'Empire les régions boisées de l'Ouest et du Centre, les Vosges et les Ardennes, servirent de refuge à des milliers de réfractaires.

Mais je n'ai pas l'intention d'aborder ici l'exposé des moyens, plus ou moins habiles, plus ou moins honnêtes, par lesquels le général Bonaparte poursuit son triomphe, leurrant et bernant Sieyès et les siens, de raconter son succès final vis-à-vis de ce prétentieux et si peu sympathique personnage (1). Je ne retracerai pas « l'insolence despotique » des procédés employés par ce maître déjà impétueux pour hâter la fabrication de cette Constitution « courte et..... obscure » dont il parlait cyniquement à son confident Roederer, et que son plus récent historien appelle lui-même « un chef-d'œuvre d'équivoque (2) ». Rien n'y subsiste en effet de tant de principes proclamés si haut, achetés au prix de tant d'efforts généreux et de sang ; sous un vain appareil de formes extérieures, on y trouve déjà le pouvoir d'un seul, encore déguisé sans doute, mais mal déguisé, aux yeux du vulgaire et formulé de manière à ne pas déparer cette « collection de monstres divers, constitutions mort-nées, issues de la Révolution (3) ». Elle est mise en vigueur avec une hâte

---

(1) « L'exemple coupable qu'il (Sieyès) a donné, dit avec raison M. Neton, en violant une règle qui est une des assises fondamentales de la vie morale d'un peuple, a duré et dure encore. Bonaparte, malgré toute sa gloire, malgré l'œuvre féconde et glorieuse qu'il produisit, n'a pu faire oublier Brumaire ; Sieyès, lui, en est demeuré écrasé. » (Sieyès, p. 389).

(2) VANDAL, p. 528.

(3) Je sais bien que M. Vandal affirme dans sa préface, p. II, que « les circonstances n'amenèrent que *progressivement* Bonaparte à délibérer dans quel sens il orienterait la France », mais je dois dire que cela me semble une erreur psychologique autant qu'historique de l'éminent historien et que Napoléon, dès le premier jour où il eut conscience de lui-même, fut *aiguillé* vers le despotisme, par la nature même de son génie. Il changea quelque peu pendant son adolescence ; mais dès vendémiaire son caractère est absolument formé. Le général de l'armée d'Italie ne diffère que peu du premier Consul et nous retrouvons en ce dernier, en l'observant de plus près — il « rentre encore ses griffes » — l'Empereur, roi

si indécente qu'on n'attend même pas qu'elle soit ratifiée par un plébiscite, le grand procédé d'action inventé à l'usage des despotismes à venir. Elle vient, nous dit-on, cette Constitution de l'an VIII, « affranchir les Français de la tyrannie jacobine sans les courber encore sous la lourdeur du despotisme et poser les premières bases de la réconciliation et de la reconstitution nationale ». Est-ce bien sûr ? Elle permet, sans doute, à Bonaparte de refaire « un gouvernement neuf avec un personnel usé », de ménager la transition trop brusque, sans cela, de la démagogie impuissante à l'arbitraire omnipotent ; mais il faudrait d'autres preuves que celles qu'on nous apporte, pour établir que cette Constitution hybride ait été jamais prise au sérieux par son propre auteur. Elle n'a jamais été que le paravent momentané derrière lequel se dissimulait, fort mal d'ailleurs, un despotisme impérieux qui n'osait encore s'afficher dans toute son ingénuité native (1). Cette Constitution, si commode pourtant, si peu gênante pour le premier Consul, combien de fois ne la violera-t-il pas, avant de la détruire, dirigeant contre elle « autant de coups d'État que le Directoire (2) » ? M. Vandal a déclaré quelque part, d'une parole un peu vive, qu'il fallait être un « niais solennel » pour s'imaginer que Bonaparte ait attenté jamais à la Liberté et à la République, toutes deux ayant été virtuellement mises à mort, longtemps avant Brumaire. Je le trouve un peu dur pour son héros, qui, précisément à cette date, prétendait, plus solennellement encore, qu'il voulait les faire vivre, les protéger, les rendre glorieuses et puissantes. Mais il faudrait être en effet bien naïf aussi, pour s'imaginer que le général triomphant ressentait en 1799 le moindre attrait sérieux pour ces deux entités morales qui,

---

d'Italie, Protecteur de la Confédération du Rhin, Médiateur de la République helvétique. M. Vandal a très bien résumé son caractère (p. 503) en disant : « Au fond il voulait être tout, rassasier sa soif de domination, développer en liberté son génie de commandement ». Pendant un temps il sut réfréner quelque peu ses instincts despotiques ; il *dompta* son naturel par un effort de volonté, mais sans le *changer*.

(1) Elle l'avait mieux compris que bien d'autres, et sans y mettre de malice, la bonne femme de Paris qui assistait, le 23 frimaire au soir, à la proclamation pompeuse de la Constitution dans les rues de la capitale. Une de ses voisines qui n'avait rien entendu au milieu des fanfares et des roulements de tambour, lui demanda « ce qu'il y avait dans la Constitution ». Elle lui répondit naïvement : « Il y a Bonaparte. »

(2) Vandal, p. 532.

pendant d'inoubliables années, ont enflammé tant de cœurs et suscité tant de sacrifices. Pour quiconque a tant soit peu pénétré dans les replis de cette âme corse, il est difficile, j'oserai dire qu'il est impossible de croire que Bonaparte se soit jamais préoccupé beaucoup de la grandeur et du bonheur de la France, en dehors de sa *propre* gloire et de sa *propre* puissance. Pour lui, jusqu'au bout, la France, ainsi que l'a dit d'un mot énergique M. Albert Sorel, « restera terre de conquête (1) ». Mais si ses actes ont toujours été « entachés de calculs profondément personnels », il était, au début surtout de son incomparable carrière, le maître de ses passions et se croyait le maître du temps. Aussi a-t-il ménagé d'abord, en calculateur pratique, en joueur prudent, les ressources du pays, cet instrument nécessaire de sa domination universelle. Plus tard, de plus en plus enfiévré par ses rêves ambitieux, il a procédé comme le joueur qui perd son équilibre mental, qui risque le tout pour faire sauter la banque ; et c'est ainsi qu'il a prodigué les réserves vivaces de la France et gaspillé ses ressources dernières sur la carte de Waterloo. Pourtant c'était le même homme qui, le 25 décembre 1799, dictait à Roederer les paroles suivantes : « La modération est la base de la morale et la première vertu de l'homme. Sans elle, l'homme n'est qu'une bête fauve. »

Le nouveau gouvernement constitué après Brumaire n'a donc pas proclamé de *principes* nouveaux, pour la simple raison qu'il n'en avait point. Ce fut, je le reconnais, à beaucoup de points de vue, un gouvernement réparateur et bienfaisant pour les misères matérielles de notre pays ; mais la façon même dont M. Vandal le juge en une phrase incidente, le condamne au point de vue du droit et de la justice. « Le règne de Bonaparte, à son avènement, c'est l'arbitraire libéral (2). » Je souscris volontiers à ce jugement général, mais il me semble qu'en bonne logique, il ne devrait pas comporter tant d'éloges partiels, l'arbitraire étant un poison qui vicie les meilleurs organismes. Et encore ne faudrait-il point oublier que ce qu'il y a de mieux dans le gouvernement consulaire, ce qui fait son originalité et, si l'on y tient, sa grandeur, c'est la survivance, malgré Bonaparte, des grandes impulsions morales de la période

(1) A. Sorel, p. 181.
(2) Vandal, p. 501.

antérieure. « Il a su capter le courant déchaîné de la Révolution », comme l'a dit M. Albert Sorel (1) ; sa législation, par exemple, c'est encore le fruit longtemps mûri de la Révolution ; mais à mesure que l'Empire se consolide, que Napoléon se sent plus maître du pays, même sur ce terrain, ses idées se rétrécissent et versent trop souvent dans l'arbitraire absolu. N'est-ce pas aussi à Napoléon que la France a dû, pendant un demi-siècle, de ne plus avoir de représentation vraiment nationale, vraiment libre et démocratique ? N'est-ce pas avec la Constitution de l'an VIII que commencent ces systèmes représentatifs bâtards et compliqués qui font des Chambres, quel que soit leur nom, « une représentation essentiellement viciée, fictive et dérisoire », où domine le privilège de l'argent et de la naissance, et n'est-il pas ainsi le créateur véritable de la *ploutocratie* politique, renversée par la Révolution de 1848 ?

Il n'y a donc pas seulement la tache initiale de Brumaire qu'on n'effacera pas au front de Bonaparte ; on est en droit de lui reprocher encore une incapacité profonde à concevoir l'organisme d'un État vraiment libre et à s'y adapter. Sans doute on peut le féliciter de la façon relativement simple et pratique dont il a remonté la machine gouvernementale avec les débris de l'ancien régime, combinés avec des institutions plus modernes en apparence, mais émanant au fond du même esprit. Mais il me semble qu'on exagère, en parlant de cette activité pratique, assurément utile, au moment même, comme d'un « inexprimable bienfait » et quand on considère ces formations administratives, aujourd'hui bien surannées en partie, comme un moule dont nous ne puissions plus sortir, au risque d'y paralyser, d'y étouffer toutes les aspirations et toutes les activités nouvelles. Au fond, la vraie raison de son succès, qu'il l'ait voulu ou non, est ailleurs ; ce n'est point le premier Consul administrateur supérieur et génial, ce n'est pas même le grand général, vainqueur à Marengo, c'est le signataire du Concordat qui rompit — ou sembla rompre — les « chaînes » dont la Révolution avait entravé l'Église, qu'ont acclamé les populations d'alors ; la reconnaissance des masses urbaines et rurales lui livra la terre de France, et par surcroît l'Europe, en échange du ciel qu'il leur rendit.

(1) A. SOREL, p. 181.

Que les contemporains de 1799, épuisés d'émotions contraires, énervés, assoiffés de repos à tout prix, aient acclamé ce dompteur de la Révolution qui surgissait au milieu d'eux, on peut, en définitive, le comprendre. Ils ont pu croire que Bonaparte réaliserait les promesses de ses garants politiques et de ses séides littéraires ; ils ont pu s'imaginer — je le veux encore — qu'il serait le Washington de la France. Seulement je n'irai pas jusqu'à dire avec M. Vandal, qu'il le crut peut être lui-même. Il n'a jamais eu l'ambition modeste et légitime d'être le président temporaire d'une République libre. « Autour de lui des voix murmurent : Monck ! Son instinct répond : César ! Monter plus haut, toujours plus haut, c'est la loi et la fatalité de sa nature. » Oui, sans doute, mais c'est aussi la catastrophe fatale de la France !

Quel contraste, en effet, entre les engagements solennels de Brumaire et les gestes de l'épopée napoléonienne ! Bonaparte promet la paix durable et donne la guerre à outrance ; il garantit la liberté et fonde un régime despotique où tous les dénis de justice deviennent possibles et sont accomplis. Il annonce la régénération de l'État, et le résultat final de la politique des Napoléons, dans la première période comme dans la seconde, issue d'un crime semblable, c'est la diminution durable de l'influence de notre pays en Europe. Il veut des conquêtes immenses, et pendant vingt ans les générations valides sont décimées d'une main impitoyable pour périr dans des campagnes sans fin, et le but auquel il aboutit, c'est l'épuisement prolongé de notre sève vitale, c'est le réveil du génie des nations étrangères que son oppression même ressuscite à l'existence. Accoucheur brutal, mais puissant, c'est Napoléon qui a mis au monde l'Italie et l'Allemagne modernes ; il a d'avance justifié toutes leurs haines, il les a constituées sur nos frontières, vivaces et puissantes, nous enserrant pour longtemps dans l'étau de la défiance universelle. Sans doute il nous a laissé un immense « patrimoine de gloire » ; mais que ces lauriers stériles, n'en déplaise à M. Vandal, me semblent peu de chose quand je songe à tant de sang versé, à tant de lourdes défaites, à tant de provinces perdues, quand chaque regard sur la carte de France me rappelle avec un douloureux serrement de cœur, que, grâce à ces chimères de gloire malfaisante, ma terre natale n'appartient plus à la patrie !

Le peuple français ne pouvait deviner alors ces lointaines conséquences, quand il ratifiait son abdication fatale par le plébiscite d'après Brumaire ; il devait se laisser prendre aux phrases pompeuses du nouveau César, à l'éclat immoral et malsain de ses vastes conquêtes, qui semaient des haines indélébiles dans l'âme des nations. Nous, malheureux épigones, victimes expiatoires, nous avons vu, nous avons senti, nous avons souffert ; aujourd'hui que l'histoire du passé s'éclaire du présent et que cette race corse a, par deux fois, perdu la France, nous ne comprenons plus que des hommes d'intelligence et de cœur viennent exalter comme les héros éponymes et les défenseurs de la patrie, ceux-là mêmes qui, par le mépris de la justice et du droit, ont tout fait pour amener sa chute. Pour nous, ce régime reste à jamais odieux, comme le 18 Brumaire, l'acte criminel qui le rendit possible ; odieux aussi le génie puissant, mais dénué de moralité, qui semble avoir définitivement rivé dans notre esprit latin « la pensée de s'en remettre à un seul du salut de tous ». Avant lui, « l'idée d'un despote unique sortant de la masse et s'appuyant sur elle, restait communément odieuse. C'est Bonaparte qui a fait l'éducation césarienne de la France. Le remède du césarisme, ce remède des grands jours d'angoisse, ce spécifique terrible qui sauve et qui tue, c'est un legs de Bonaparte... Du fond de son tombeau, il continue à susciter des Césars » (1).

Cela seul suffirait pour nous inspirer une répulsion profonde pour l'homme de Brumaire ; il faut sceller ce tombeau d'une pierre si lourde que le spectre du césarisme ne puisse plus remonter à la lumière du jour et surgir au milieu de nous, pour étouffer les libertés publiques et ruiner la patrie !

Et c'est ce danger pourtant que font renaître parmi nous tant d'écrivains brillants ou de politiciens obscurs, sceptiques au fond ou bien sincères, qui, sans s'en rendre compte peut-être ou sachant ce qu'ils font, entourent la grande *Idole* de je ne sais quel reflet idéal, absolument trompeur. Je voudrais en terminant rappeler, à ceux qui sont de bonne foi, la grave leçon du grand et libre esprit dont nous célébrions, il y a quelques semaines, le glorieux centenaire. « Quand des événements semblables (le 18 brumaire) s'accomplissent, a dit Edgar Qui-

---

(1) VANDAL, p. 217.

net (1), non seulement sans résistance de la part des contemporains, mais encore avec leur complicité, tenez pour certain qu'ils sont destinés à reparaître et qu'ils entreront plus ou moins dans la Constitution de l'Etat. Car il faut avouer que la tentation doit être grande d'assujettir les peuples qui n'en gardent ni rancune, ni souvenir. Si de plus la conscience périt jusque dans l'histoire, alors tout périt. L'histoire doit remplir au milieu du drame des événements l'office du chœur antique, chargé de maintenir, de proclamer la justice, en dépit de la bonne et de la mauvaise fortune. Mais si, au lieu d'être le gardien des lois morales, l'historien achève lui-même de les abolir, en détruisant la conscience, il détruit la trame de la justice dans l'avenir encore plus que dans le passé. »

(1) EDGAR QUINET, *La Révolution*, II, p. 519.

DOLE-DU-JURA — IMPRIMERIE GIRARDI ET AUDEBERT

www.ingramcontent.com/pod-product-compliance
Lightning Source LLC
LaVergne TN
LVHW021705080426
835510LV00011B/1602